は　し　が　き

　平成 29 年 3 月に告示された小学校学習指導要領が，令和 2 年度から全面実施されます。

　今回の学習指導要領では，各教科等の目標及び内容が，育成を目指す資質・能力の三つの柱（「知識及び技能」，「思考力，判断力，表現力等」，「学びに向かう力，人間性等」）に沿って再整理され，各教科等でどのような資質・能力の育成を目指すのかが明確化されました。これにより，教師が「子供たちにどのような力が身に付いたか」という学習の成果を的確に捉え，主体的・対話的で深い学びの視点からの授業改善を図る，いわゆる「指導と評価の一体化」が実現されやすくなることが期待されます。

　また，子供たちや学校，地域の実態を適切に把握した上で教育課程を編成し，学校全体で教育活動の質の向上を図る「カリキュラム・マネジメント」についても明文化されました。カリキュラム・マネジメントの一側面として，「教育課程の実施状況を評価してその改善を図っていくこと」がありますが，このためには，教育課程を編成・実施し，学習評価を行い，学習評価を基に教育課程の改善・充実を図るという PDCA サイクルを確立することが重要です。このことも，まさに「指導と評価の一体化」のための取組と言えます。

　このように，「指導と評価の一体化」の必要性は，今回の学習指導要領において，より一層明確なものとなりました。そこで，国立教育政策研究所教育課程研究センターでは，「幼稚園，小学校，中学校，高等学校及び特別支援学校の学習指導要領等の改善及び必要な方策等について（答申）」（平成 28 年 12 月 21 日中央教育審議会）をはじめ，「児童生徒の学習評価の在り方について（報告）」（平成 31 年 1 月 21 日中央教育審議会初等中等教育分科会教育課程部会）や「小学校，中学校，高等学校及び特別支援学校等における児童生徒の学習評価及び指導要録の改善等について」（平成 31 年 3 月 29 日付初等中等教育局長通知）を踏まえ，このたび「『指導と評価の一体化』のための学習評価に関する参考資料」を作成しました。

　本資料では，学習評価の基本的な考え方や，各教科等における評価規準の作成及び評価の実施等について解説しているほか，各教科等別に単元や題材に基づく学習評価について事例を紹介しています。各学校においては，本資料や各教育委員会等が示す学習評価に関する資料などを参考としながら，学習評価を含むカリキュラム・マネジメントを円滑に進めていただくことで，「指導と評価の一体化」を実現し，子供たちに未来の創り手となるために必要な資質・能力が育まれることを期待します。

　最後に，本資料の作成に御協力くださった方々に心から感謝の意を表します。

　令和 2 年 3 月

国 立 教 育 政 策 研 究 所
教育課程研究センター長
　　　笹　井　弘　之

JN047115

目次

　※本冊子については，改訂後の常用漢字表（平成22年11月30日内閣告示）に基づいて表記してい
　　ます。（学習指導要領及び初等中等教育局長通知等の引用部分を除く）

第 1 編

総説

第1編　総説

本編においては，以下の資料について，それぞれ略称を用いることとする。

> 答申：「幼稚園，小学校，中学校，高等学校及び特別支援学校の学習指導要領等の改善
> 　　　及び必要な方策等について（答申）」　平成28年12月21日　中央教育審議会
> 報告：「児童生徒の学習評価の在り方について（報告）」　平成31年1月21日　中央教
> 　　　育審議会　初等中等教育分科会　教育課程部会
> 改善等通知：「小学校，中学校，高等学校及び特別支援学校等における児童生徒の学習
> 　　　評価及び指導要録の改善等について（通知）」　平成31年3月29日　初等中等
> 　　　教育局長通知

第1章　平成29年改訂を踏まえた学習評価の改善
1　はじめに

　学習評価は，学校における教育活動に関し，児童生徒の学習状況を評価するものである。答申にもあるとおり，児童生徒の学習状況を的確に捉え，教師が指導の改善を図るとともに，児童生徒が自らの学びを振り返って次の学びに向かうことができるようにするためには，学習評価の在り方が極めて重要である。

　各教科等の評価については，学習状況を分析的に捉える「観点別学習状況の評価」と「評定」が学習指導要領に定める目標に準拠した評価として実施するものとされている[1]。観点別学習状況の評価とは，学校における児童生徒の学習状況を，複数の観点から，それぞれの観点ごとに分析する評価のことである。児童生徒が各教科等での学習において，どの観点で望ましい学習状況が認められ，どの観点に課題が認められるかを明らかにすることにより，具体的な学習や指導の改善に生かすことを可能とするものである。各学校において目標に準拠した観点別学習状況の評価を行うに当たっては，観点ごとに評価規準を定める必要がある。評価規準とは，観点別学習状況の評価を的確に行うため，学習指導要領に示す目標の実現の状況を判断するよりどころを表現したものである。本参考資料は，観点別学習状況の評価を実施する際に必要となる評価規準等，学習評価を行うに当たって参考となる情報をまとめたものである。

　以下，文部省指導資料から，評価規準について解説した部分を参考として引用する。

---

[1] 各教科の評価については，観点別学習状況の評価と，これらを総括的に捉える「評定」の両方について実施するものとされており，観点別学習状況の評価や評定には示しきれない児童生徒の一人一人のよい点や可能性，進歩の状況については，「個人内評価」として実施するものとされている。（P.6～11に後述）

（参考）評価規準の設定（抄）

（文部省「小学校教育課程一般指導資料」（平成5年9月）より）

　新しい指導要録（平成3年改訂）では，観点別学習状況の評価が効果的に行われるようにするために，「各観点ごとに学年ごとの評価規準を設定するなどの工夫を行うこと」と示されています。

　これまでの指導要録においても，観点別学習状況の評価を適切に行うため，「観点の趣旨を学年別に具体化することなどについて工夫を加えることが望ましいこと」とされており，教育委員会や学校では目標の達成の度合いを判断するための基準や尺度などの設定について研究が行われてきました。

　しかし，それらは，ともすれば知識・理解の評価が中心になりがちであり，また「目標を十分達成（＋）」，「目標をおおむね達成（空欄）」及び「達成が不十分（−）」ごとに詳細にわたって設定され，結果としてそれを単に数量的に処理することに陥りがちであったとの指摘がありました。

　今回の改訂においては，学習指導要領が目指す学力観に立った教育の実践に役立つようにすることを改訂方針の一つとして掲げ，各教科の目標に照らしてその実現の状況を評価する観点別学習状況を各教科の学習の評価の基本に据えることとしました。したがって，評価の観点についても，学習指導要領に示す目標との関連を密にして設けられています。

　このように，学習指導要領が目指す学力観に立つ教育と指導要録における評価とは一体のものであるとの考え方に立って，各教科の目標の実現の状況を「関心・意欲・態度」，「思考・判断・表現」，「技能・表現（または技能)」及び「知識・理解」の観点ごとに適切に評価するため，「評価規準を設定する」ことを明確に示しているものです。

　「評価規準」という用語については，先に述べたように，新しい学力観に立って子供たちが自ら獲得し身に付けた資質や能力の質的な面，すなわち，学習指導要領の目標に基づく幅のある資質や能力の育成の実現状況の評価を目指すという意味から用いたものです。

2　平成29年改訂を踏まえた学習評価の意義

（1）学習評価の充実

　平成29年改訂小・中学校学習指導要領総則においては，学習評価の充実について新たに項目が置かれた。具体的には，学習評価の目的等について以下のように示し，単元や題材など内容や時間のまとまりを見通しながら，児童生徒の主体的・対話的で深い学びの実現に向けた授業改善を行うと同時に，評価の場面や方法を工夫して，学習の過程や成果を評価することを示し，授業の改善と評価の改善を両輪として行っていくことの必要性を明示した。

・児童のよい点や進歩の状況などを積極的に評価し，学習したことの意義や価値を実感できるようにすること。また，各教科等の目標の実現に向けた学習状況を把握する観点から，単元や題材など内容や時間のまとまりを見通しながら評価の場面や方法を工夫して，学習の過程や成果を評価し，指導の改善や学習意欲の向上を図り，資質・能力の育成に生かすようにすること。
・創意工夫の中で学習評価の妥当性や信頼性が高められるよう，組織的かつ計画的な取組を推進するとともに，学年や学校段階を越えて児童の学習の成果が円滑に接続されるように工夫すること。

（小学校学習指導要領第1章総則　第3教育課程の実施と学習評価　2学習評価の充実）
（中学校学習指導要領にも同旨）

（2）カリキュラム・マネジメントの一環としての指導と評価

　　各学校における教育活動の多くは，学習指導要領等に従い児童生徒や地域の実態を踏まえて編成された教育課程の下，指導計画に基づく授業（学習指導）として展開される。各学校では，児童生徒の学習状況を評価し，その結果を児童生徒の学習や教師による指導の改善や学校全体としての教育課程の改善等に生かしており，学校全体として組織的かつ計画的に教育活動の質の向上を図っている。このように，「学習指導」と「学習評価」は学校の教育活動の根幹に当たり，教育課程に基づいて組織的かつ計画的に教育活動の質の向上を図る「カリキュラム・マネジメント」の中核的な役割を担っている。

（3）主体的・対話的で深い学びの視点からの授業改善と評価

　　指導と評価の一体化を図るためには，児童生徒一人一人の学習の成立を促すための評価という視点を一層重視し，教師が自らの指導のねらいに応じて授業での児童生徒の学びを振り返り，学習や指導の改善に生かしていくことが大切である。すなわち，平成29年改訂学習指導要領で重視している「主体的・対話的で深い学び」の視点からの授業改善を通して各教科等における資質・能力を確実に育成する上で，学習評価は重要な役割を担っている。

（4）学習評価の改善の基本的な方向性

　　（1）〜（3）で述べたとおり，学習指導要領改訂の趣旨を実現するためには，学習評価の在り方が極めて重要であり，すなわち，学習評価を真に意味のあるものとし，指導と評価の一体化を実現することがますます求められている。
　　このため，報告では，以下のように学習評価の改善の基本的な方向性が示された。
　　① 児童生徒の学習改善につながるものにしていくこと
　　② 教師の指導改善につながるものにしていくこと
　　③ これまで慣行として行われてきたことでも，必要性・妥当性が認められないものは見直していくこと

3 平成29年改訂を受けた評価の観点の整理

　平成29年改訂学習指導要領においては，知・徳・体にわたる「生きる力」を児童生徒に育むために「何のために学ぶのか」という各教科等を学ぶ意義を共有しながら，授業の創意工夫や教科書等の教材の改善を引き出していくことができるようにするため，全ての教科等の目標及び内容を「知識及び技能」，「思考力，判断力，表現力等」，「学びに向かう力，人間性等」の育成を目指す資質・能力の三つの柱で再整理した（図1参照）。知・徳・体のバランスのとれた「生きる力」を育むことを目指すに当たっては，各教科等の指導を通してどのような資質・能力の育成を目指すのかを明確にしながら教育活動の充実を図ること，その際には，児童生徒の発達の段階や特性を踏まえ，資質・能力の三つの柱の育成がバランスよく実現できるよう留意する必要がある。

図1

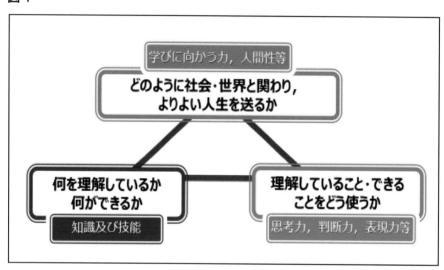

　観点別学習状況の評価については，こうした教育目標や内容の再整理を踏まえて，小・中・高等学校の各教科を通じて，4観点から3観点に整理された。（図2参照）

図2

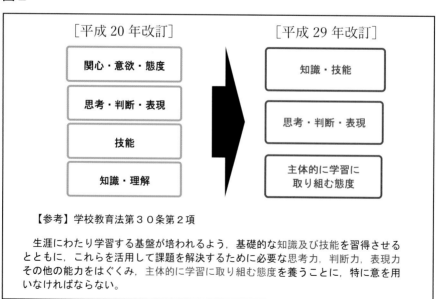

4　平成 29 年改訂学習指導要領における各教科の学習評価

　各教科の学習評価においては，平成 29 年改訂においても，学習状況を分析的に捉える「観点別学習状況の評価」と，これらを総括的に捉える「評定」の両方について，学習指導要領に定める目標に準拠した評価として実施するものとされた。改善等通知では，以下のように示されている。

【小学校児童指導要録】

　［各教科の学習の記録］

Ⅰ　観点別学習状況

　　学習指導要領に示す各教科の目標に照らして，その実現状況を観点ごとに評価し記入する。その際，

　　　　「十分満足できる」状況と判断されるもの：A

　　　　「おおむね満足できる」状況と判断されるもの：B

　　　　「努力を要する」状況と判断されるもの：C

　のように区別して評価を記入する。

Ⅱ　評定（第 3 学年以上）

　　各教科の評定は，学習指導要領に示す各教科の目標に照らして，その実現状況を，

　　　　「十分満足できる」状況と判断されるもの：3

　　　　「おおむね満足できる」状況と判断されるもの：2

　　　　「努力を要する」状況と判断されるもの：1

　のように区別して評価を記入する。

　　評定は各教科の学習の状況を総括的に評価するものであり，「観点別学習状況」において掲げられた観点は，分析的な評価を行うものとして，各教科の評定を行う場合において基本的な要素となるものであることに十分留意する。その際，評定の適切な決定方法等については，各学校において定める。

【中学校生徒指導要録】

（学習指導要領に示す必修教科の取扱いは次のとおり）

　［各教科の学習の記録］

Ⅰ　観点別学習状況（小学校児童指導要録と同じ）

　　学習指導要領に示す各教科の目標に照らして，その実現状況を観点ごとに評価し記入する。その際，

　　　　「十分満足できる」状況と判断されるもの：A

　　　　「おおむね満足できる」状況と判断されるもの：B

　　　　「努力を要する」状況と判断されるもの：C

　のように区別して評価を記入する。

Ⅱ　評定

　　各教科の評定は，学習指導要領に示す各教科の目標に照らして，その実現状況を，

「十分満足できるもののうち，特に程度が高い」状況と判断されるもの：5

「十分満足できる」状況と判断されるもの：4

「おおむね満足できる」状況と判断されるもの：3

「努力を要する」状況と判断されるもの：2

「一層努力を要する」状況と判断されるもの：1

のように区別して評価を記入する。

　評定は各教科の学習の状況を総括的に評価するものであり，「観点別学習状況」において掲げられた観点は，分析的な評価を行うものとして，各教科の評定を行う場合において基本的な要素となるものであることに十分留意する。その際，評定の適切な決定方法等については，各学校において定める。

　また，観点別学習状況の評価や評定には示しきれない児童生徒一人一人のよい点や可能性，進歩の状況については，「個人内評価」として実施するものとされている。改善等通知においては，「観点別学習状況の評価になじまず個人内評価の対象となるものについては，児童生徒が学習したことの意義や価値を実感できるよう，日々の教育活動等の中で児童生徒に伝えることが重要であること。特に『学びに向かう力，人間性等』のうち『感性や思いやり』など児童生徒一人一人のよい点や可能性，進歩の状況などを積極的に評価し児童生徒に伝えることが重要であること。」と示されている。

　「3　平成29年改訂を受けた評価の観点の整理」も踏まえて各教科における評価の基本構造を図示化すると，以下のようになる。（図3参照）

図3

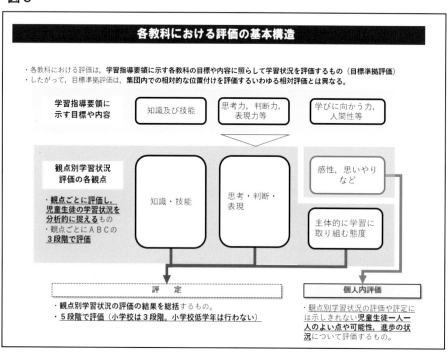

上記の，「各教科における評価の基本構造」を踏まえた3観点の評価それぞれについて

の考え方は，以下の（1）～（3）のとおりとなる。なお，この考え方は，外国語活動（小学校），総合的な学習の時間，特別活動においても同様に考えることができる。

（1）「知識・技能」の評価について

　「知識・技能」の評価は，各教科等における学習の過程を通した知識及び技能の習得状況について評価を行うとともに，それらを既有の知識及び技能と関連付けたり活用したりする中で，他の学習や生活の場面でも活用できる程度に概念等を理解したり，技能を習得したりしているかについても評価するものである。

　「知識・技能」におけるこのような考え方は，従前の「知識・理解」（各教科等において習得すべき知識や重要な概念等を理解しているかを評価），「技能」（各教科等において習得すべき技能を身に付けているかを評価）においても重視してきたものである。

　具体的な評価の方法としては，ペーパーテストにおいて，事実的な知識の習得を問う問題と，知識の概念的な理解を問う問題とのバランスに配慮するなどの工夫改善を図るとともに，例えば，児童生徒が文章による説明をしたり，各教科等の内容の特質に応じて，観察・実験したり，式やグラフで表現したりするなど，実際に知識や技能を用いる場面を設けるなど，多様な方法を適切に取り入れていくことが考えられる。

（2）「思考・判断・表現」の評価について

　「思考・判断・表現」の評価は，各教科等の知識及び技能を活用して課題を解決する等のために必要な思考力，判断力，表現力等を身に付けているかを評価するものである。

　「思考・判断・表現」におけるこのような考え方は，従前の「思考・判断・表現」の観点においても重視してきたものである。「思考・判断・表現」を評価するためには，教師は「主体的・対話的で深い学び」の視点からの授業改善を通じ，児童生徒が思考・判断・表現する場面を効果的に設計した上で，指導・評価することが求められる。

　具体的な評価の方法としては，ペーパーテストのみならず，論述やレポートの作成，発表，グループでの話合い，作品の制作や表現等の多様な活動を取り入れたり，それらを集めたポートフォリオを活用したりするなど評価方法を工夫することが考えられる。

（3）「主体的に学習に取り組む態度」の評価について

　答申において「学びに向かう力，人間性等」には，①「主体的に学習に取り組む態度」として観点別学習状況の評価を通じて見取ることができる部分と，②観点別学習状況の評価や評定にはなじまず，こうした評価では示しきれないことから個人内評価を通じて見取る部分があることに留意する必要があるとされている。すなわち，②については観点別学習状況の評価の対象外とする必要がある。

　「主体的に学習に取り組む態度」の評価に際しては，単に継続的な行動や積極的な発言を行うなど，性格や行動面の傾向を評価するということではなく，各教科等の「主体的に学習に取り組む態度」に係る観点の趣旨に照らして，知識及び技能を習得したり，

思考力，判断力，表現力等を身に付けたりするために，自らの学習状況を把握し，学習の進め方について試行錯誤するなど自らの学習を調整しながら，学ぼうとしているかどうかという意思的な側面を評価することが重要である。

従前の「関心・意欲・態度」の観点も，各教科等の学習内容に関心をもつことのみならず，よりよく学ぼうとする意欲をもって学習に取り組む態度を評価するという考え方に基づいたものであり，この点を「主体的に学習に取り組む態度」として改めて強調するものである。

本観点に基づく評価は，「主体的に学習に取り組む態度」に係る各教科等の評価の観点の趣旨に照らして，

① 知識及び技能を獲得したり，思考力，判断力，表現力等を身に付けたりすることに向けた粘り強い取組を行おうとしている側面

② ①の粘り強い取組を行う中で，自らの学習を調整しようとする側面

という二つの側面を評価することが求められる[2]。(図4参照)

ここでの評価は，児童生徒の学習の調整が「適切に行われているか」を必ずしも判断するものではなく，学習の調整が知識及び技能の習得などに結び付いていない場合には，教師が学習の進め方を適切に指導することが求められる。

具体的な評価の方法としては，ノートやレポート等における記述，授業中の発言，教師による行動観察や児童生徒による自己評価や相互評価等の状況を，教師が評価を行う際に考慮する材料の一つとして用いることなどが考えられる。

図4

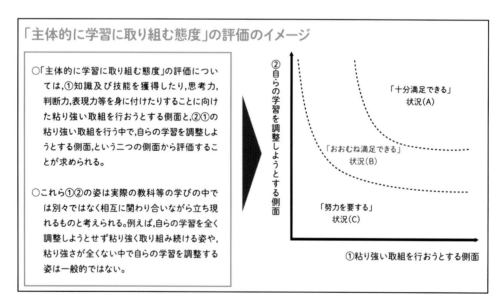

───────────────

[2] これら①②の姿は実際の教科等の学びの中では別々ではなく相互に関わり合いながら立ち現れるものと考えられることから，実際の評価の場面においては，双方の側面を一体的に見取ることも想定される。例えば，自らの学習を全く調整しようとせず粘り強く取り組み続ける姿や，粘り強さが全くない中で自らの学習を調整する姿は一般的ではない。

なお，学習指導要領の「2 内容」に記載のない「主体的に学習に取り組む態度」の評価については，後述する第2章1（2）を参照のこと[3]。

5 改善等通知における特別の教科 道徳，外国語活動（小学校），総合的な学習の時間，特別活動の指導要録の記録

改善等通知においては，各教科の学習の記録とともに，以下の（1）～（4）の各教科等の指導要録における学習の記録について以下のように示されている。

（1）特別の教科 道徳について

小学校等については，改善等通知別紙1に，「道徳の評価については，28文科初第604号「学習指導要領の一部改正に伴う小学校，中学校及び特別支援学校小学部・中学部における児童生徒の学習評価及び指導要録の改善等について（通知）」に基づき，学習活動における児童の学習状況や道徳性に係る成長の様子を個人内評価として文章で端的に記述する」こととされている（中学校等についても別紙2に同旨）。

（2）外国語活動について（小学校）

改善等通知には，「外国語活動の記録については，評価の観点を記入した上で，それらの観点に照らして，児童の学習状況に顕著な事項がある場合にその特徴を記入する等，児童にどのような力が身に付いたかを文章で端的に記述すること」とされている。また，「評価の観点については，設置者は，小学校学習指導要領等に示す外国語活動の目標を踏まえ，改善等通知別紙4を参考に設定する」こととされている。

（3）総合的な学習の時間について

小学校等については，改善等通知別紙1に，「総合的な学習の時間の記録については，この時間に行った学習活動及び各学校が自ら定めた評価の観点を記入した上で，それらの観点のうち，児童の学習状況に顕著な事項がある場合などにその特徴を記入する等，児童にどのような力が身に付いたかを文章で端的に記述すること」とされている。また，「評価の観点については，各学校において具体的に定めた目標，内容に基づいて別紙4を参考に定めること」とされている（中学校等についても別紙2に同旨）。

---

[3] 各教科等によって，評価の対象に特性があることに留意する必要がある。例えば，体育・保健体育科の運動に関する領域においては，公正や協力などを，育成する「態度」として学習指導要領に位置付けており，各教科等の目標や内容に対応した学習評価が行われることとされている。

（4）特別活動について

　小学校等については，改善等通知別紙1に，「特別活動の記録については，各学校が自ら定めた特別活動全体に係る評価の観点を記入した上で，各活動・学校行事ごとに，評価の観点に照らして十分満足できる活動の状況にあると判断される場合に，〇印を記入する」とされている。また，「評価の観点については，学習指導要領等に示す特別活動の目標を踏まえ，各学校において改善等通知別紙4を参考に定める。その際，特別活動の特質や学校として重点化した内容を踏まえ，例えば『主体的に生活や人間関係をよりよくしようとする態度』などのように，より具体的に定めることも考えられる。記入に当たっては，特別活動の学習が学校や学級における集団活動や生活を対象に行われるという特質に留意する」とされている（中学校等についても別紙2に同旨）。

　なお，特別活動は学級担任以外の教師が指導する活動が多いことから，評価体制を確立し，共通理解を図って，児童生徒のよさや可能性を多面的・総合的に評価するとともに，確実に資質・能力が育成されるよう指導の改善に生かすことが求められる。

6　障害のある児童生徒の学習評価について

　学習評価に関する基本的な考え方は，障害のある児童生徒の学習評価についても変わるものではない。

　障害のある児童生徒については，特別支援学校等の助言又は援助を活用しつつ，個々の児童生徒の障害の状態や特性及び心身の発達の段階に応じた指導内容や指導方法の工夫を行い，その評価を適切に行うことが必要である。また，指導内容や指導方法の工夫については，学習指導要領の各教科の「指導計画の作成と内容の取扱い」の「指導計画作成上の配慮事項」の「障害のある児童生徒への配慮についての事項」についての学習指導要領解説も参考となる。

7　評価の方針等の児童生徒や保護者への共有について

　学習評価の妥当性や信頼性を高めるとともに，児童生徒自身に学習の見通しをもたせるために，学習評価の方針を事前に児童生徒と共有する場面を必要に応じて設けることが求められており，児童生徒に評価の結果をフィードバックする際にも，どのような方針によって評価したのかを改めて児童生徒に共有することも重要である。

　また，新学習指導要領下での学習評価の在り方や基本方針等について，様々な機会を捉えて保護者と共通理解を図ることが非常に重要である。

第2章　学習評価の基本的な流れ

1　各教科における評価規準の作成及び評価の実施等について

（1）目標と観点の趣旨との対応関係について

　　　評価規準の作成に当たっては，各学校の実態に応じて目標に準拠した評価を行うために，「評価の観点及びその趣旨[4]」が各教科等の目標を踏まえて作成されていること，また同様に，「学年別（又は分野別）の評価の観点の趣旨[5]」が学年（又は分野）の目標を踏まえて作成されていることを確認することが必要である。

　　　なお，「主体的に学習に取り組む態度」の観点は，教科等及び学年（又は分野）の目標の（3）に対応するものであるが，観点別学習状況の評価を通じて見取ることができる部分をその内容として整理し，示していることを確認することが必要である。（図5，6参照）

図5

【学習指導要領「教科の目標」】

学習指導要領　各教科等の「第1　目標」

（1）	（2）	（3）
（知識及び技能に関する目標）	（思考力，判断力，表現力等に関する目標）	（学びに向かう力，人間性等に関する目標）[6]

【改善等通知「評価の観点及びその趣旨」】

改善等通知　別紙4　評価の観点及びその趣旨

観点	知識・技能	思考・判断・表現	主体的に学習に取り組む態度
趣旨	（知識・技能の観点の趣旨）	（思考・判断・表現の観点の趣旨）	（主体的に学習に取り組む態度の観点の趣旨）

---

[4] 各教科等の学習指導要領の目標の規定を踏まえ，観点別学習状況の評価の対象とするものについて整理したものが教科等の観点の趣旨である。

[5] 各学年（又は分野）の学習指導要領の目標を踏まえ，観点別学習状況の評価の対象とするものについて整理したものが学年別（又は分野別）の観点の趣旨である。

[6] 学びに向かう力，人間性等に関する目標には，個人内評価として実施するものも含まれている。（P.8図3参照）※学年（又は分野）の目標についても同様である。

図6

【学習指導要領「学年（又は分野）の目標」】

学習指導要領 各教科等の「第2 各学年の目標及び内容」の学年ごとの「1 目標」

(1)	(2)	(3)
（知識及び技能に関する目標）	（思考力，判断力，表現力等に関する目標）	（学びに向かう力，人間性等に関する目標）

【改善等通知 別紙4「学年別（又は分野別）の評価の観点の趣旨」】

観点	知識・技能	思考・判断・表現	主体的に学習に取り組む態度
趣旨	（知識・技能の観点の趣旨）	（思考・判断・表現の観点の趣旨）	（主体的に学習に取り組む態度の観点の趣旨）

（2）「内容のまとまりごとの評価規準」とは

　本参考資料では，評価規準の作成等について示す。具体的には，学習指導要領の規定から「内容のまとまりごとの評価規準」を作成する際の手順を示している。ここでの「内容のまとまり」とは，学習指導要領に示す各教科等の「第2 各学年の目標及び内容 2 内容」の項目等をそのまとまりごとに細分化したり整理したりしたものである[7]。平成29年改訂学習指導要領においては資質・能力の三つの柱に基づく構造化が行われたところであり，基本的には，学習指導要領に示す各教科等の「第2 各学年（分野）の目標及び内容」の「2 内容」において[8]，「内容のまとまり」ごとに育成を目指す資質・

---

[7] 各教科等の学習指導要領の「第3 指導計画の作成と内容の取扱い」1(1)に「単元（題材）などの内容や時間のまとまり」という記載があるが，この「内容や時間のまとまり」と，本参考資料における「内容のまとまり」は同義ではないことに注意が必要である。前者は，主体的・対話的で深い学びを実現するため，主体的に学習に取り組めるよう学習の見通しを立てたり学習したことを振り返ったりして自身の学びや変容を自覚できる場面をどこに設定するか，対話によって自分の考えなどを広げたり深めたりする場面をどこに設定するか，学びの深まりをつくりだすために，児童生徒が考える場面と教師が教える場面をどのように組み立てるか，といった視点による授業改善は，1単位時間の授業ごとに考えるのではなく，単元や題材などの一定程度のまとまりごとに検討されるべきであることが示されたものである。後者（本参考資料における「内容のまとまり」）については，本文に述べるとおりである。

[8] 小学校家庭においては，「第2 各学年の内容」，「1 内容」，小学校外国語・外国語活動，中学校外国語においては，「第2 各言語の目標及び内容等」，「1 目標」である。

能力が示されている。このため,「2　内容」の記載はそのまま学習指導の目標となりうるものである[9]。学習指導要領の目標に照らして観点別学習状況の評価を行うに当たり,児童生徒が資質・能力を身に付けた状況を表すために,「2　内容」の記載事項の文末を「～すること」から「～している」と変換したもの等を,本参考資料において「内容のまとまりごとの評価規準」と呼ぶこととする[10]。

　ただし,「主体的に学習に取り組む態度」に関しては,特に,児童生徒の学習への継続的な取組を通して現れる性質を有すること等から[11],「2　内容」に記載がない[12]。そのため,各学年（又は分野）の「1　目標」を参考にしつつ,必要に応じて,改善等通知別紙4に示された学年（又は分野）別の評価の観点の趣旨のうち「主体的に学習に取り組む態度」に関わる部分を用いて「内容のまとまりごとの評価規準」を作成する必要がある。

　なお,各学校においては,「内容のまとまりごとの評価規準」の考え方を踏まえて,学習評価を行う際の評価規準を作成する。

（3）「内容のまとまりごとの評価規準」を作成する際の基本的な手順

　各教科における,「内容のまとまりごとの評価規準」を作成する際の基本的な手順は以下のとおりである。

　学習指導要領に示された教科及び学年（又は分野）の目標を踏まえて,「評価の観点及びその趣旨」が作成されていることを理解した上で,

① 　各教科における「内容のまとまり」と「評価の観点」との関係を確認する。

② 　【観点ごとのポイント】を踏まえ,「内容のまとまりごとの評価規準」を作成する。

---

[9] 「2　内容」において示されている指導事項等を整理することで「内容のまとまり」を構成している教科もある。この場合は,整理した資質・能力をもとに,構成された「内容のまとまり」に基づいて学習指導の目標を設定することとなる。また,目標や評価規準の設定は,教育課程を編成する主体である各学校が,学習指導要領に基づきつつ児童生徒や学校,地域の実情に応じて行うことが必要である。

[10] 小学校家庭,中学校技術・家庭（家庭分野）については,学習指導要領の目標及び分野の目標の（2）に思考力・判断力・表現力等の育成に係る学習過程が記載されているため,これらを踏まえて「内容のまとまりごとの評価規準」を作成する必要がある。

[11] 各教科等の特性によって単元や題材など内容や時間のまとまりはさまざまであることから,評価を行う際は,それぞれの実現状況が把握できる段階について検討が必要である。

[12] 各教科等によって,評価の対象に特性があることに留意する必要がある。例えば,体育・保健体育科の運動に関する領域においては,公正や協力などを,育成する「態度」として学習指導要領に位置付けており,各教科等の目標や内容に対応した学習評価が行われることとされている。

①，②については，第2編において詳述する。同様に，【観点ごとのポイント】についても，第2編に各教科等において示している。

（4）評価の計画を立てることの重要性

学習指導のねらいが児童生徒の学習状況として実現されたかについて，評価規準に照らして観察し，毎時間の授業で適宜指導を行うことは，育成を目指す資質・能力を児童生徒に育むためには不可欠である。その上で，評価規準に照らして，観点別学習状況の評価をするための記録を取ることになる。そのためには，いつ，どのような方法で，児童生徒について観点別学習状況を評価するための記録を取るのかについて，評価の計画を立てることが引き続き大切である。

毎時間児童生徒全員について記録を取り，総括の資料とするために蓄積することは現実的ではないことからも，児童生徒全員の学習状況を記録に残す場面を精選し，かつ適切に評価するための評価の計画が一層重要になる。

（5）観点別学習状況の評価に係る記録の総括

適切な評価の計画の下に得た，児童生徒の観点別学習状況の評価に係る記録の総括の時期としては，単元（題材）末，学期末，学年末等の節目が考えられる。

総括を行う際，観点別学習状況の評価に係る記録が，観点ごとに複数ある場合は，例えば，次のような方法が考えられる。

- **評価結果のＡ，Ｂ，Ｃの数を基に総括する場合**

　何回か行った評価結果のＡ，Ｂ，Ｃの数が多いものが，その観点の学習の実施状況を最もよく表現しているとする考え方に立つ総括の方法である。例えば，3回評価を行った結果が「ＡＢＢ」ならばＢと総括することが考えられる。なお，「ＡＡＢＢ」の総括結果をＡとするかＢとするかなど，同数の場合や三つの記号が混在する場合の総括の仕方をあらかじめ各学校において決めておく必要がある。

- **評価結果のＡ，Ｂ，Ｃを数値に置き換えて総括する場合**

　何回か行った評価結果Ａ，Ｂ，Ｃを，例えばＡ＝3，Ｂ＝2，Ｃ＝1のように数値によって表し，合計したり平均したりする総括の方法である。例えば，総括の結果をＢとする範囲を［2.5≧平均値≧1.5］とすると，「ＡＢＢ」の平均値は，約2.3［（3＋2＋2）÷3］で総括の結果はＢとなる。

なお，評価の各節目のうち特定の時点に重きを置いて評価を行う場合など，この例のような平均値による方法以外についても様々な総括の方法が考えられる。

（6）観点別学習状況の評価の評定への総括

評定は，各教科の観点別学習状況の評価を総括した数値を示すものである。評定は，児童生徒がどの教科の学習に望ましい学習状況が認められ，どの教科の学習に課題が

認められるのかを明らかにすることにより，教育課程全体を見渡した学習状況の把握と指導や学習の改善に生かすことを可能とするものである。

評定への総括は，学期末や学年末などに行われることが多い。学年末に評定へ総括する場合には，学期末に総括した評定の結果を基にする場合と，学年末に観点ごとに総括した結果を基にする場合が考えられる。

観点別学習状況の評価の評定への総括は，各観点の評価結果をA，B，Cの組合せ，又は，A，B，Cを数値で表したものに基づいて総括し，その結果を小学校では3段階，中学校では5段階で表す。

A，B，Cの組合せから評定に総括する場合，各観点とも同じ評価がそろう場合は，小学校については，「ＢＢＢ」であれば2を基本としつつ，「ＡＡＡ」であれば3，「ＣＣＣ」であれば1とするのが適当であると考えられる。中学校については，「ＢＢＢ」であれば3を基本としつつ，「ＡＡＡ」であれば5又は4，「ＣＣＣ」であれば2又は1とするのが適当であると考えられる。それ以外の場合は，各観点のA，B，Cの数の組合せから適切に評定することができるようあらかじめ各学校において決めておく必要がある。

なお，観点別学習状況の評価結果は，「十分満足できる」状況と判断されるものをA，「おおむね満足できる」状況と判断されるものをB，「努力を要する」状況と判断されるものをCのように表されるが，そこで表された学習の実現状況には幅があるため，機械的に評定を算出することは適当ではない場合も予想される。

また，評定は，小学校については，小学校学習指導要領等に示す各教科の目標に照らして，その実現状況を「十分満足できる」状況と判断されるものを3，「おおむね満足できる」状況と判断されるものを2，「努力を要する」状況と判断されるものを1，中学校については，中学校学習指導要領等に示す各教科の目標に照らして，その実現状況を「十分満足できるもののうち，特に程度が高い」状況と判断されるものを5，「十分満足できる」状況と判断されるものを4，「おおむね満足できる」状況と判断されるものを3，「努力を要する」状況と判断されるものを2，「一層努力を要する」状況と判断されるものを1という数値で表される。しかし，この数値を児童生徒の学習状況について三つ（小学校）又は五つ（中学校）に分類したものとして捉えるのではなく，常にこの結果の背景にある児童生徒の具体的な学習の実現状況を思い描き，適切に捉えることが大切である。評定への総括に当たっては，このようなことも十分に検討する必要がある[13]。

なお，各学校では観点別学習状況の評価の観点ごとの総括及び評定への総括の考え

---

[13] 改善等通知では，「評定は各教科の学習の状況を総括的に評価するものであり，『観点別学習状況』において掲げられた観点は，分析的な評価を行うものとして，各教科の評定を行う場合において基本的な要素となるものであることに十分留意する。その際，評定の適切な決定方法等については，各学校において定める。」と示されている。（P.7，8参照）

方や方法について，教師間で共通理解を図り，児童生徒及び保護者に十分説明し理解を得ることが大切である。

2　総合的な学習の時間における評価規準の作成及び評価の実施等について

（1）総合的な学習の時間の「評価の観点」について

　平成29年改訂学習指導要領では，各教科等の目標や内容を「知識及び技能」，「思考力，判断力，表現力等」，「学びに向かう力，人間性等」の資質・能力の三つの柱で再整理しているが，このことは総合的な学習の時間においても同様である。

　総合的な学習の時間においては，学習指導要領が定める目標を踏まえて各学校が目標や内容を設定するという総合的な学習の時間の特質から，各学校が観点を設定するという枠組みが維持されている。一方で，各学校が目標や内容を定める際には，学習指導要領において示された以下について考慮する必要がある。

> 【各学校において定める目標】
> ・　各学校において定める目標については，各学校における教育目標を踏まえ，総合的な学習の時間を通して育成を目指す資質・能力を示すこと。　　　（第2の3(1)）

　総合的な学習の時間を通して育成を目指す資質・能力を示すとは，各学校における教育目標を踏まえて，各学校において定める目標の中に，この時間を通して育成を目指す資質・能力を，三つの柱に即して具体的に示すということである。

> 【各学校において定める内容】
> ・　探究課題の解決を通して育成を目指す具体的な資質・能力については，次の事項に配慮すること。
> 　ア　知識及び技能については，他教科等及び総合的な学習の時間で習得する知識及び技能が相互に関連付けられ，社会の中で生きて働くものとして形成されるようにすること。
> 　イ　思考力，判断力，表現力等については，課題の設定，情報の収集，整理・分析，まとめ・表現などの探究的な学習の過程において発揮され，未知の状況において活用できるものとして身に付けられるようにすること。
> 　ウ　学びに向かう力，人間性等については，自分自身に関すること及び他者や社会との関わりに関することの両方の視点を踏まえること。　　　（第2の3(6)）

　各学校において定める内容について，今回の改訂では新たに，「目標を実現するにふさわしい探究課題」，「探究課題の解決を通して育成を目指す具体的な資質・能力」の二つを定めることが示された。「探究課題の解決を通して育成を目指す具体的な資質・能力」とは，各学校において定める目標に記された資質・能力を，各探究課題に即して具体的に示したものであり，教師の適切な指導の下，児童生徒が各探究課題の解決に取り組む中で，育成することを目指す資質・能力のことである。この具体的な資質・能力も，「知識及び技能」，「思考力，判断力，表現力等」，「学びに向かう力，人間性等」という

資質・能力の三つの柱に即して設定していくことになる。

このように，各学校において定める目標と内容には，三つの柱に沿った資質・能力が明示されることになる。

したがって，資質・能力の三つの柱で再整理した新学習指導要領の下での指導と評価の一体化を推進するためにも，評価の観点についてこれらの資質・能力に関わる「知識・技能」，「思考・判断・表現」，「主体的に学習に取り組む態度」の３観点に整理し示したところである。

（２）総合的な学習の時間の「内容のまとまり」の考え方

学習指導要領の第２の２では，「各学校においては，第１の目標を踏まえ，各学校の総合的な学習の時間の内容を定める。」とされており，各教科のようにどの学年で何を指導するのかという内容を明示していない。これは，各学校が，学習指導要領が定める目標の趣旨を踏まえて，地域や学校，児童生徒の実態に応じて，創意工夫を生かした内容を定めることが期待されているからである。

この内容の設定に際しては，前述したように「目標を実現するにふさわしい探究課題」，「探究課題の解決を通して育成を目指す具体的な資質・能力」の二つを定めることが示され，探究課題としてどのような対象と関わり，その探究課題の解決を通して，どのような資質・能力を育成するのかが内容として記述されることになる。（図７参照）

図7

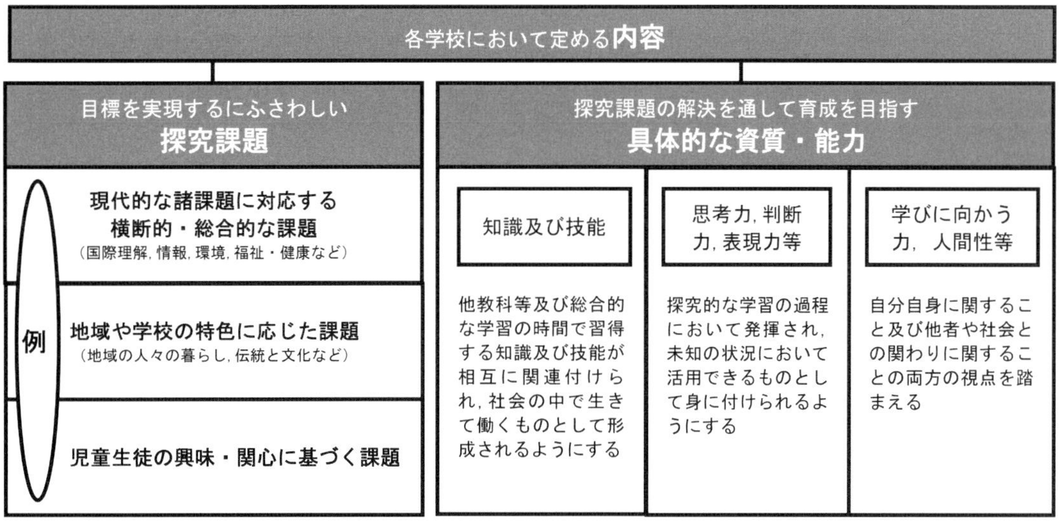

本参考資料第１編第２章の１（２）では，「内容のまとまり」について，「学習指導要領に示す各教科等の『第２　各学年の目標及び内容　２　内容』の項目等をそのまとまりごとに細分化したり整理したりしたもので，『内容のまとまり』ごとに育成を目指す資質・能力が示されている」と説明されている。

したがって，総合的な学習の時間における「内容のまとまり」とは，全体計画に示した「目標を実現するにふさわしい探究課題」のうち，一つ一つの探究課題とその探究課題に応じて定めた具体的な資質・能力と考えることができる。

（3）「内容のまとまりごとの評価規準」を作成する際の基本的な手順

　　総合的な学習の時間における，「内容のまとまりごとの評価規準」を作成する際の基本的な手順は以下のとおりである。

> ①　各学校において定めた目標（第2の1）と「評価の観点及びその趣旨」を確認する。

> ②　各学校において定めた内容の記述（「内容のまとまり」として探究課題ごとに作成した「探究課題の解決を通して育成を目指す具体的な資質・能力」）が，観点ごとにどのように整理されているかを確認する。

> ③【観点ごとのポイント】を踏まえ，「内容のまとまりごとの評価規準」を作成する。

3　特別活動の「評価の観点」とその趣旨，並びに評価規準の作成及び評価の実施等について

（1）特別活動の「評価の観点」とその趣旨について

　　特別活動においては，改善等通知において示されたように，特別活動の特質と学校の創意工夫を生かすということから，設置者ではなく，「各学校で評価の観点を定める」ものとしている。本参考資料では「評価の観点」とその趣旨の設定について示している。

（2）特別活動の「内容のまとまり」

　　小学校においては，学習指導要領の内容の〔学級活動〕「（1）学級や学校における生活づくりへの参画」，「（2）日常の生活や学習への適応と自己の成長及び健康安全」，「（3）一人一人のキャリア形成と自己実現」，〔児童会活動〕，〔クラブ活動〕，〔学校行事〕（1）儀式的行事，（2）文化的行事，（3）健康安全・体育的行事，（4）遠足・集団宿泊的行事，（5）勤労生産・奉仕的行事を「内容のまとまり」とした。

　　中学校においては，学習指導要領の内容の〔学級活動〕「（1）学級や学校における生活づくりへの参画」，「（2）日常の生活や学習への適応と自己の成長及び健康安全」，「（3）一人一人のキャリア形成と自己実現」，〔生徒会活動〕，〔学校行事〕（1）儀式的行事，（2）文化的行事，（3）健康安全・体育的行事，（4）旅行・集団宿泊的行事，（5）勤労生産・奉仕的行事を「内容のまとまり」とした。

（3）特別活動の「評価の観点」とその趣旨，並びに「内容のまとまりごとの評価規準」を作成する際の基本的な手順

　　各学校においては，学習指導要領に示された特別活動の目標及び内容を踏まえ，自校の実態に即し，改善等通知の例示を参考に観点を作成する。その際，例えば，特別活動の特質や学校として重点化した内容を踏まえて，具体的な観点を設定することが考えられる。

　また，学習指導要領解説では，各活動・学校行事の内容ごとに育成を目指す資質・能力が例示されている。そこで，学習指導要領で示された「各活動・学校行事の目標」及び学習指導要領解説で例示された「資質・能力」を確認し，各学校の実態に合わせて育成を目指す資質・能力を重点化して設定する。

　次に，各学校で設定した，各活動・学校行事で育成を目指す資質・能力を踏まえて，「内容のまとまりごとの評価規準」を作成する。その際，小学校の学級活動においては，学習指導要領で示した「各学年段階における配慮事項」や，学習指導要領解説に示した「発達の段階に即した指導のめやす」を踏まえて，低・中・高学年ごとに評価規準を作成することが考えられる。基本的な手順は以下のとおりである。

---

① 　学習指導要領の「特別活動の目標」と改善等通知を確認する。

② 　学習指導要領の「特別活動の目標」と自校の実態を踏まえ，改善等通知の例示を参考に，特別活動の「評価の観点」とその趣旨を設定する。

③ 　学習指導要領の「各活動・学校行事の目標」及び学習指導要領解説特別活動編（平成29年7月）で例示した「各活動・学校行事における育成を目指す資質・能力」を参考に，各学校において育成を目指す資質・能力を重点化して設定する。

④ 　【観点ごとのポイント】を踏まえ，「内容のまとまりごとの評価規準」を作成する。

（参考）平成 23 年「評価規準の作成，評価方法等の工夫改善のための参考資料」からの変更点について

　今回作成した本参考資料は，平成 23 年の「評価規準の作成，評価方法等の工夫改善のための参考資料」を踏襲するものであるが，以下のような変更点があることに留意が必要である[14]。

　まず，平成 23 年の参考資料において使用していた「評価規準に盛り込むべき事項」や「評価規準の設定例」については，報告において「現行の参考資料のように評価規準を詳細に示すのではなく，各教科等の特質に応じて，学習指導要領の規定から評価規準を作成する際の手順を示すことを基本とする」との指摘を受け，第 2 編において示すことを改め，本参考資料の第 3 編における事例の中で，各教科等の事例に沿った評価規準を例示したり，その作成手順等を紹介したりする形に改めている。

　次に，本参考資料の第 2 編に示す「内容のまとまりごとの評価規準」は，平成 23 年の「評価規準の作成，評価方法等の工夫改善のための参考資料」において示した「評価規準に盛り込むべき事項」と作成の手順を異にする。具体的には，「評価規準に盛り込むべき事項」は，平成 20 年改訂学習指導要領における各教科等の目標，各学年（又は分野）の目標及び内容の記述を基に，学習評価及び指導要録の改善通知で示している各教科等の評価の観点及びその趣旨，学年（又は分野）別の評価の観点の趣旨を踏まえて作成したものである。

　また，平成 23 年の参考資料では「評価規準に盛り込むべき事項」をより具体化したものを「評価規準の設定例」として示している。「評価規準の設定例」は，原則として，学習指導要領の各教科等の目標，学年（又は分野）別の目標及び内容のほかに，当該部分の学習指導要領解説（文部科学省刊行）の記述を基に作成していた。他方，本参考資料における「内容のまとまりごとの評価規準」については，平成 29 年改訂の学習指導要領の目標及び内容が育成を目指す資質・能力に関わる記述で整理されたことから，既に確認のとおり，そこでの「内容のまとまり」ごとの記述を，文末を変換するなどにより評価規準とすることを可能としており，学習指導要領の記載と表裏一体をなす関係にあると言える。

　さらに，「主体的に学習に取り組む態度」の「各教科等・各学年等の評価の観点の趣旨」についてである。前述のとおり，従前の「関心・意欲・態度」の観点から「主体的に学習に取り組む態度」の観点に改められており，「主体的に学習に取り組む態度」の観点に関しては各学年（又は分野）の「1　目標」を参考にしつつ，必要に応じて，改善等通知別紙 4 に示された学年（又は分野）別の評価の観点の趣旨のうち「主体的に学習に取り組む態度」に関わる部分を用いて「内容のまとまりごとの評価規準」を作成する必要がある。

---

[14] 特別活動については，これまでも三つの観点に基づいて児童生徒の資質・能力の育成を目指し，指導に生かしてきたところであり，上記の変更点に該当するものではないことに留意が必要である。

報告にあるとおり,「主体的に学習に取り組む態度」は,現行の「関心・意欲・態度」の観点の本来の趣旨であった,各教科等の学習内容に関心をもつことのみならず,よりよく学ぼうとする意欲をもって学習に取り組む態度を評価することを改めて強調するものである。また,本観点に基づく評価としては,「主体的に学習に取り組む態度」に係る各教科等の評価の観点の趣旨に照らし,

　① 知識及び技能を獲得したり,思考力,判断力,表現力等を身に付けたりすること
　　 に向けた粘り強い取組を行おうとする側面と,

　② ①の粘り強い取組を行う中で,自らの学習を調整しようとする側面,

という二つの側面を評価することが求められるとされた[15]。

　以上の点から,今回の改善等通知で示した「主体的に学習に取り組む態度」の「各教科等・各学年等の評価の観点の趣旨」は,平成22年通知で示した「関心・意欲・態度」の「各教科等・各学年等の評価の観点の趣旨」から改められている。

---

[15] 各教科等によって,評価の対象に特性があることに留意する必要がある。例えば,体育・保健体育科の運動に関する領域においては,公正や協力などを,育成する「態度」として学習指導要領に位置付けており,各教科等の目標や内容に対応した学習評価が行われることとされている。

第２編

「内容のまとまりごとの評価規準」
を作成する際の手順

1　小学校社会科の「内容のまとまり」

小学校社会科における「内容のまとまり」は，以下のようになっている。

〔第3学年〕

(1)　身近な地域や市区町村の様子

(2)　地域に見られる生産や販売の仕事

(3)　地域の安全を守る働き

(4)　市の様子の移り変わり

〔第4学年〕

(1)　都道府県の様子

(2)　人々の健康や生活環境を支える事業

(3)　自然災害から人々を守る活動

(4)　県内の伝統や文化，先人の働き

(5)　県内の特色ある地域の様子

〔第5学年〕

(1)　我が国の国土の様子と国民生活

(2)　我が国の農業や水産業における食料生産

(3)　我が国の工業生産

(4)　我が国の産業と情報との関わり

(5)　我が国の国土の自然環境と国民生活との関連

〔第6学年〕

(1)　我が国の政治の働き

(2)　我が国の歴史上の主な事象

(3)　グローバル化する世界と日本の役割

2 小学校社会科における「内容のまとまりごとの評価規準」作成の手順

　　ここでは，第4学年　(2)「人々の健康や生活環境を支える事業」を取り上げて，「内容のまとまりごとの評価規準」作成の手順を説明する。

　　まず，学習指導要領に示された教科及び学年の目標を踏まえて，「評価の観点及びその趣旨」が作成されていることを理解する。その上で，①及び②の手順を踏む。

＜例　第4学年　(2)「人々の健康や生活環境を支える事業」＞

【小学校学習指導要領 第2章 第2節　社会「第1　目標」】

社会的な見方・考え方を働かせ，課題を追究したり解決したりする活動を通して，グローバル化する国際社会に主体的に生きる平和で民主的な国家及び社会の形成者に必要な公民としての資質・能力の基礎を次のとおり育成することを目指す。

（1）	（2）	（3）
地域や我が国の国土の地理的環境，現代社会の仕組みや働き，地域や我が国の歴史や伝統と文化を通して社会生活について理解するとともに，様々な資料や調査活動を通して情報を適切に調べまとめる技能を身に付けるようにする。	社会的事象の特色や相互の関連，意味を多角的に考えたり，社会に見られる課題を把握して，その解決に向けて社会への関わり方を選択・判断したりする力，考えたことや選択・判断したことを適切に表現する力を養う。	社会的事象について，よりよい社会を考え主体的に問題解決しようとする態度を養うとともに，多角的な思考や理解を通して，地域社会に対する誇りと愛情，地域社会の一員としての自覚，我が国の国土と歴史に対する愛情，我が国の将来を担う国民としての自覚，世界の国々の人々と共に生きていくことの大切さについての自覚などを養う。

（小学校学習指導要領P. 46）

【改善等通知 別紙4　社会（1）評価の観点及びその趣旨　＜小学校　社会＞】

知識・技能	思考・判断・表現	主体的に学習に取り組む態度
地域や我が国の国土の地理的環境，現代社会の仕組みや働き，地域や我が国の歴史や伝統と文化を通して社会生活について理解しているとともに，様々な資料や調査活動を通して情報を適切に調べまとめている。	社会的事象の特色や相互の関連，意味を多角的に考えたり，社会に見られる課題を把握して，その解決に向けて社会への関わり方を選択・判断したり，考えたことや選択・判断したことを適切に表現したりしている。	社会的事象について，国家及び社会の担い手として，よりよい社会を考え主体的に問題解決しようとしている。

（改善等通知　別紙4　P. 3）

【小学校学習指導要領 第2章 第2節　社会「第2　各学年の目標及び内容」

〔第4学年〕　1　目標】

　社会的事象の見方・考え方を働かせ，学習の問題を追究・解決する活動を通して，次のとおり資質・能力を育成することを目指す。

（1）	（2）	（3）
自分たちの都道府県の地理的環境の特色，地域の人々の健康と生活環境を支える働きや自然災害から地域の安全を守るための諸活動，地域の伝統と文化や地域の発展に尽くした先人の働きなどについて，人々の生活との関連を踏まえて理解するとともに，調査活動，地図帳や各種の具体的資料を通して，必要な情報を調べまとめる技能を身に付けるようにする。	社会的事象の特色や相互の関連，意味を考える力，社会に見られる課題を把握して，その解決に向けて社会への関わり方を選択・判断する力，考えたことや選択・判断したことを表現する力を養う。	社会的事象について，主体的に学習の問題を解決しようとする態度や，よりよい社会を考え学習したことを社会生活に生かそうとする態度を養うとともに，思考や理解を通して，地域社会に対する誇りと愛情，地域社会の一員としての自覚を養う。

（小学校学習指導要領 P.49）

【改善等通知　別紙4　　社会（2）学年・分野別の評価の観点の趣旨

＜小学校　社会＞第4学年】

知識・技能	思考・判断・表現	主体的に学習に取り組む態度
自分たちの都道府県の地理的環境の特色，地域の人々の健康と生活環境を支える働きや自然災害から地域の安全を守るための諸活動，地域の伝統と文化や地域の発展に尽くした先人の働きなどについて，人々の生活との関連を踏まえて理解しているとともに，調査活動，地図帳や各種の具体的資料を通して，必要な情報を調べまとめている。	地域における社会的事象の特色や相互の関連，意味を考えたり，社会に見られる課題を把握して，その解決に向けて社会への関わり方を選択・判断したり，考えたことや選択・判断したことを表現したりしている。	地域における社会的事象について，地域社会に対する誇りと愛情をもつ地域社会の将来の担い手として，主体的に問題解決しようとしたり，よりよい社会を考え学習したことを社会生活に生かそうとしたりしている。

（改善等通知　別紙4　P.4）

① 各教科における「内容のまとまり」と「評価の観点」との関係を確認する。

内容のまとまり

⑵「人々の健康や生活環境を支える事業」

内容

⑵　人々の健康や生活環境を支える事業について，学習の問題を追究・解決する活動を通して，次の事項を身に付けることができるよう指導する。

　ア　次のような知識及び技能を身に付けること。

　　㋐　飲料水，電気，ガスを供給する事業は，安全で安定的に供給できるよう進められていることや，地域の人々の健康な生活の維持と向上に役立っていることを理解すること。

　　㋑　廃棄物を処理する事業は，衛生的な処理や資源の有効利用ができるよう進められていることや，生活環境の維持と向上に役立っていることを理解すること。

　　㋒　見学・調査したり地図などの資料で調べたりして，まとめること。

　イ　次のような思考力，判断力，表現力等を身に付けること。

　　㋐　供給の仕組みや経路，県内外の人々の協力などに着目して，飲料水，電気，ガスの供給のための事業の様子を捉え，それらの事業が果たす役割を考え，表現すること。

　　㋑　処理の仕組みや再利用，県内外の人々の協力などに着目して，廃棄物の処理のための事業の様子を捉え，その事業が果たす役割を考え，表現すること。

（下線）…知識及び技能に関する内容 　（波線）…思考力，判断力，表現力等に関する内容

②　【観点ごとのポイント】を踏まえ，「内容のまとまりごとの評価規準」を作成する。

（１）「内容のまとまりごとの評価規準」を作成する際の【観点ごとのポイント】

○「知識・技能」のポイント

・「知識」については，学習指導要領に示す「２　内容」の「知識」に関わる事項に示された「…を理解すること」の記述を当てはめ，それを児童が「…理解している」かどうかの学習状況として表し，評価規準を設定する。

・「技能」については，学習指導要領に示す「２　内容」の「技能」に関わる事項に示された「…調べたりして，…まとめること」の記述を当てはめ，それを児童が「…調べたりして…まとめている」かどうかの学習状況として表し，評価規準を設定する。

○「思考・判断・表現」のポイント

・「思考・判断・表現」については，学習指導要領に示す「２　内容」の「思考力，判断力，表現力等」に関わる事項に示された「…着目して，…を捉え，…考え，…表現すること」の記述を当てはめ，それを児童が「…着目して，…を捉え，…考え，…表現している」かどうかの学習状況として表し，評価規準を設定する。

○「主体的に学習に取り組む態度」のポイント

・「主体的に学習に取り組む態度」については，学習指導要領に示す「２　内容」に「学びに向かう力，人間性等」に関わる事項が示されていないことから，学年目標や観点の趣旨を基に評価規準を設定する。ここでは，目標に示されている，「主体的に問題解決する態度」と「よりよい社会を考え学習したことを社会生活に生かそうとする態度」について「主体的に問題解決しようとしている」かどうかと「よりよい社会を考え学習したことを社会生活に生かそうとしている」かどうかの学習状況として表し，評価規準を設定する。

（２）学習指導要領の「２　内容」 及び 「内容のまとまりごとの評価規準（例）」

	知識及び技能	思考力，判断力，表現力等	学びに向かう力，人間性等
学習指導要領　2　内容	ア　次のような知識及び技能を身に付けること。 （ア）飲料水，電気，ガスを供給する事業は，安全で安定的に供給できるよう進められていることや，地域の人々の健康な生活の維持と向上に役立っていることを理解すること。 （イ）廃棄物を処理する事業は，衛生的な処理や資源の有効利用ができるよう進められていることや，生活環境の維持と向上に役立っていることを理解すること。 （ウ）見学・調査したり地図などの資料で調べたりして，まとめること。	イ　次のような思考力，判断力，表現力等を身に付けること。 （ア）供給の仕組みや経路，県内外の人々の協力などに着目して，飲料水，電気，ガスの供給のための事業の様子を捉え，それらの事業が果たす役割を考え，表現すること。 （イ）処理の仕組みや再利用，県内外の人々の協力などに着目して，廃棄物の処理のための事業の様子を捉え，その事業が果たす役割を考え，表現すること。	※内容には，学びに向かう力，人間性等について示されていないことから，該当学年の目標(3)を参考にする。

	知識・技能	思考・判断・表現	主体的に学習に取り組む態度
内容のまとまりごとの評価規準例	・飲料水，電気，ガスを供給する事業は，安全で安定的に供給できるように進められていることや，地域の人々の健康な生活の維持と向上に役立っていることを理解している。 ・廃棄物を処理する事業は，衛生的な処理や資源の有効利用ができるよう進められていることや，生活環境の維持と向上に役立っていることを理解している。 ・見学・調査したり地図などの資料で調べたりして，まとめている。	・供給の仕組みや経路，県内外の人々の協力などに着目して，飲料水，電気，ガスの供給のための事業の様子を捉え，それらの事業が果たす役割を考え，表現している。 ・処理の仕組みや再利用，県内外の人々の協力などに着目して，廃棄物の処理のための事業の様子を捉え，その事業が果たす役割を考え，表現している。	・人々の健康や生活環境を支える事業について，主体的に問題解決しようとしたり，よりよい社会を考え学習したことを社会生活に生かそうとしたりしている。 ※必要に応じて学年別の評価の観点の趣旨のうち「主体的に学習に取り組む態度」に関わる部分を用いて作成する。

第３編

単元ごとの学習評価について

（事例）

第1章　「内容のまとまりごとの評価規準」の考え方を踏まえた評価規準の作成

1　本編事例における学習評価の進め方について

　単元における観点別学習状況の評価を実施するに当たり，まずは年間の指導と評価の計画を確認することが重要である。その上で，学習指導要領の目標や内容，「内容のまとまりごとの評価規準」の考え方等を踏まえ，以下のように進めることが考えられる。なお，複数の単元にわたって評価を行う場合など，以下の方法によらない事例もあることに留意する必要がある。

評価の進め方	留意点
1　単元の目標を作成する	○　学習指導要領の目標や内容，学習指導要領解説等を踏まえて作成する。 ○　児童の実態，前単元までの学習状況等を踏まえて作成する。 ※　単元の目標及び評価規準の関係性（イメージ）については下図参照

単元の目標及び評価規準の関係性について（イメージ図）

学習指導要領　　第1編第2章1（2）を参照

「内容のまとまりごとの評価規準」

学習指導要領解説等を参考に，各学校において授業で育成を目指す資質・能力を明確化

「内容のまとまりごとの評価規準」の考え方等を踏まえて作成

単元の目標　　第3編第1章2を参照

単元の評価規準

※　外国語科及び外国語活動においてはこの限りではない。

評価の進め方	留意点
2　単元の評価規準を作成する	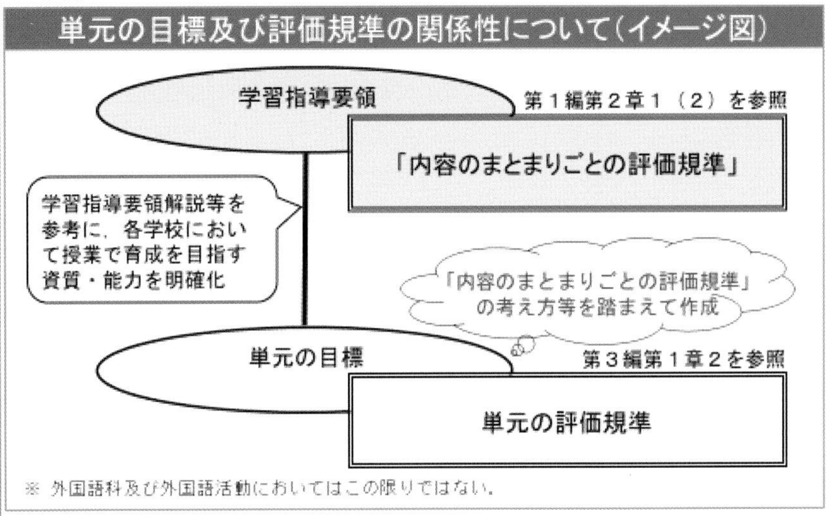
3　「指導と評価の計画」を作成する	○　1，2を踏まえ，評価場面や評価方法等を計画する。 ○　どのような評価資料（児童の反応やノート，ワークシート，作品等）を基に，「おおむね満足できる」状況（B）と評価するかを考えたり，「努力を要する」状況（C）への手立て等を考えたりする。
授業を行う	○　3に沿って観点別学習状況の評価を行い，児童の学習改善や教師の指導改善につなげる。
4　観点ごとに総括する	○　集めた評価資料やそれに基づく評価結果などから，観点ごとの総括的評価（A，B，C）を行う。

2　単元の評価規準の作成のポイント

　小学校の社会科においては，学習指導要領に示された「内容のまとまり」は，複数の内容に分かれ，その内容ごとに単元を構成するものがほとんどである。そこで，「内容のまとまりごとの評価規準」をそのまま活用するのではなく，単元ごとに単元構成や学習過程に沿った具体的な評価規準を作成していくことになる。

　単元の評価規準作成のポイントは，以下のとおりである。

第3編

（1）知識・技能

　知識・技能については，「～を調べ，～まとめ，～理解している」などと知識と技能を関連付けて評価規準を作成する。

　社会科の学習を通して児童が獲得する知識とは，例えば，用語などはもとより資料などで調べて分かる社会的事象の様子についての具体的な知識と調べてまとめたものを基にして考えて分かる汎用性のある概念的な知識のことであり，これらは，地域や我が国の地理的環境，地域や我が国の歴史や伝統と文化，現代社会の仕組みや働きを通して，「社会生活についての総合的な理解を図るためのもの」である。

　また，児童が身に付ける技能とは，具体的には，調査活動や諸資料の活用など手段を考えて問題解決に必要な社会的事象に関する情報を集める技能，集めた情報を「社会的事象の見方・考え方」に沿って読み取る技能，読み取った情報を問題解決に沿ってまとめる技能などであると考えられる。

　社会科の「知識・技能」としては，これらの知識と技能を関連付けて「～を調べ，～まとめ，～理解している」などと捉えて評価することが大切である。それは，社会科は，資料から情報を集めて読み取り社会的事象の様子を具体的に理解すること，また，調べまとめたことを基に考え，社会的事象の特色や意味などを理解することが大切だからである。

　そこで，ここでは，学習過程に沿って，

① 　調べて，必要な情報を集め，読み取り，社会的事象の様子について具体的に理解しているか，

② 　調べたことを文などにまとめ，社会的事象の特色や意味などを理解しているか，

という学習状況を捉えるよう，評価規準を作成する。

　その際，評価場面によっては，知識を中心に学習状況を捉える場面や，技能を中心に学習状況を捉える場面があり得ることにも留意することが大切である。

（2）思考・判断・表現

　思考・判断・表現については従前通り一体のものとして評価規準を作成する。

　見方・考え方を働かせて資質・能力の育成を図る観点から，「～着目して，問いを見いだし，～考え表現する」という「追究場面」における評価と，「～比較・関連付け，総合などして，～考えたり，学習したことを基にして，選択・判断したりして表現する」という，社会的事象の特色や相互の関連，意味を多角的に考えたり，社会に見られる課題を把握して，その解決に向けて社会への関わり方を選択・判断したりする「解決場面」における評価について評価規準を作成する。

そこで，ここでは，学習過程に沿って，

①　社会的事象に着目して，問いを見いだし，社会的事象の様子について考え表現しているか，

②　比較・関連付け，総合などして社会的事象の特色や意味を考えたり，学習したことを基に社会への関わり方を選択・判断したりして，適切に表現しているか，

という学習状況を捉えるよう，評価規準を作成する。

　その際，単元によっては「社会への関わり方を選択・判断する場面」が設定されていない場合も考えられるため，②は「考えたり，（中略）選択・判断したり」と示していることに留意し，単元の学習活動に応じて適切に文言を選びながら評価規準を設定することが大切である。

（3）主体的に学習に取り組む態度

　主体的に学習に取り組む態度については，知識及び技能や，思考力，判断力，表現力等を身に付けることに向けた粘り強い取組を行おうとする側面と，粘り強い取組を行う中で自らの学習を調整しようとする側面について，「主体的に学習に取り組む態度」として評価規準を作成する。

　そこで，ここでは，学習過程に沿って，

①　社会的事象について，予想や学習計画を立て，学習を振り返ったり見直したりして，学習問題を追究・解決しようとしているか，

②　よりよい社会を考え学習したことを社会生活に生かそうとしているか，

という学習状況を捉えるよう評価規準を作成する。

　上記①の「予想や学習計画を立て」では，学習問題の追究・解決に向けて見通しをもとうとしている学習状況を捉えるようにする。また，「学習を振り返ったり見直したりして」では，問題解決に向けて，自らの学習状況を確認したり，さらに調べたいことを考えようとしたりする学習状況を捉えるようにする。その際，単元によっては，「さらに調べたいことを考える場面」が設定されない場合も考えられるため「振り返ったり見直したり」と示していることに留意し，単元の学習活動に応じて適切に文言を選びながら評価規準を設定することが大切である。

　上記②の「学習したことを社会生活に生かそうとする」では，それまでの学習成果を基に，生活の在り方やこれからの社会の発展について考えようとする学習状況を捉えるようにする。これは「社会的な態度」と捉えることができ，社会に見られる課題を把握して社会への関わり方を選択・判断したり，多角的に考えて社会の発展について自分の考えをまとめたりする学習場面で表出されることが多いことが考えられるため，思考・判断・表現との関連性を踏まえて評価規準を設定することが大切である。

　その際，単元によっては「選択・判断する場面」や「発展について考える場面」が設定されない場合もあることに留意し，単元の学習活動に応じて評価規準設定の有無を含めて工夫することが大切である。

　以上のような評価規準作成のポイントのもと，学習指導要領の内容に関する記載事項，内容の取扱い，観点の趣旨を踏まえ，学習指導要領解説の記載事項を参考に，内容についてより具体的に示すよう作成する。詳細になりすぎないように，学習指導要領の記述形式を踏まえて以下のように作成する。

　具体的に，「内容のまとまり」として，第４学年内容⑵「人々の健康や生活環境を支える事業」と第６学年内容⑵「我が国の歴史」について，単元の評価規準作成例を以下に示す。

⑴　Aについて，学習の問題を追究・解決する活動を通して，次の事項を身に付けることができる
　　よう指導する。
　ア　次のような知識や技能を身に付けること
　（ア）Bを理解すること
　（イ）Cなどで調べて，Dなどにまとめること
　イ　次のような思考力，判断力，表現力等を身に付けること
　（ア）Eなどに着目して，Fを捉え，Gを考え，表現すること

知識・技能	思考・判断・表現	主体的に学習に取り組む態度
①Eなどについて Cなどで調べて，必要な情報を集め，読み取り，Fを理解している。 ②調べたことをDや文などにまとめ，Bを理解している。	①Eなどに着目して，問いを見いだし，Fについて考え表現している。 ②○と○を（比較・関連付け，総合など）してGを考えたり，学習したことを基に社会への関わり方を選択・判断したりして，適切に表現している。	①A（に関する事項）について，予想や学習計画を立て，学習を振り返ったり見直したりして，学習問題を追究し，解決しようとしている。 ②よりよい社会を考え，学習したことを社会生活に生かそうとしている。

　　第4学年内容⑵「人々の健康や生活環境を支える事業」の「内容のまとまり」は，「飲料水，電気，ガスを供給する事業」と「廃棄物を処理する事業」の二つの単元で構成できる。そこで，それぞれの単元ごとに，単元の評価規準作成のポイントを基に以下のように評価規準作成例を示す。

第4学年　⑵「人々の健康や生活環境を支える事業」における「内容のまとまりごとの評価規準」と「単元の評価規準」例

【「人々の健康や生活環境を支える事業」の内容のまとまりごとの評価規準（例）】

知識・技能	思考・判断・表現	主体的に学習に取り組む態度
・飲料水，電気，ガスを供給する事業は，安全で安定的に供給できるよう進められていることや，地域の人々の健康な生活の維持と向上に役立っていることを理解している。 ・廃棄物を処理する事業は，衛生的な処理や資源の有効利用ができるよう進められていることや，生活環境の維持と向上に役立っていることを理解している。 ・見学・調査したり地図などの資料で調べたりして，まとめている。	・供給の仕組みや経路，県内外の人々の協力などに着目して，飲料水，電気，ガスの供給のための事業の様子を捉え，それらの事業が果たす役割を考え，表現している。 ・処理の仕組みや再利用，県内外の人々の協力などに着目して，廃棄物の処理のための事業の様子を捉え，その事業が果たす役割を考え，表現している。	・人々の健康や生活環境を支える事業について，主体的に問題解決しようとしたり，よりよい社会を考え学習したことを社会生活に生かそうとしたりしている。

【単元「飲料水，電気，ガスを供給する事業」の評価規準（例）】

知識・技能	思考・判断・表現	主体的に学習に取り組む態度
①供給の仕組みや経路，県内外の人々の協力などについて見学・調査したり地図などの資料などで調べたりして，必要な情報を集め，読み取り，飲料水，電気，ガスの供給のための事業の様子を理解している。 ②調べたことを白地図や図表，文などにまとめ，飲料水，電気，ガスを供給する事業は，安全で安定的に供給できるように進められていることや，地域の人々の健康な生活の維持と向上に役立っていることを理解している。	①供給の仕組みや経路，県内外の人々の協力などに着目して，問いを見いだし，飲料水，電気，ガスの供給のための事業の様子について考え表現している。 ②飲料水，電気，ガスの供給のための事業に見られる仕組みや人々の協力関係と地域の人々の健康や生活環境を関連付けて飲料水，電気，ガスの供給のための事業が果たす役割を考えたり，学習したことを基に，節水や節電など自分たちが協力できることを考えたり選択・判断したりして表現している。	①飲料水，電気，ガスを供給する事業について，予想や学習計画を立て，学習を振り返ったり見直したりして，学習問題を追究し，解決しようとしている。 ②学習したことを基に節水や節電などについて自分たちが協力できることを考えようとしている。

【単元「廃棄物を処理する事業」の評価規準（例）】

知識・技能	思考・判断・表現	主体的に学習に取り組む態度
①処理の仕組みや再利用，県内外の人々の協力などについて見学・調査したり地図などの資料などで調べたりして，必要な情報を集め，読み取り，廃棄物の処理のための事業の様子を理解している。 ②調べたことを白地図や図表，文などにまとめ，廃棄物を処理する事業は，衛生的な処理や資源の有効利用ができるよう進められていることや，生活環境の維持と向上に役立っていることを理解している。	①処理の仕組みや再利用，県内外の人々の協力などに着目して，問いを見いだし，廃棄物の処理のための事業の様子について考え表現している。 ②ごみや下水などの廃棄物を処理する仕組みや人々の協力関係と地域の良好な生活環境を関連付けて廃棄物の処理のための事業が果たす役割を考えたり，学習したことを基に，ごみの減量や水を汚さない工夫など，自分たちが協力できることを考えたり選択・判断したりして表現している。	①廃棄物を処理する事業について，予想や学習計画を立て，学習を振り返ったり見直したりして，学習問題を追究し，解決しようとしている。 ②学習したことを基にごみの減量や水を汚さない工夫など，自分たちが協力できることを考えようとしている。

第3編

第6学年内容⑵「我が国の歴史」は，扱う歴史上の主な事象が（ア）から（サ）の11の内容で示され，具体的に11単元で構成できる。そこで，以下のように単元ごとの評価規準作成例を示す。

第6学年　⑵「我が国の歴史」における「内容のまとまりごとの評価規準（例）」

知識・技能	思考・判断・表現	主体的に学習に取り組む態度
・我が国の歴史上の主な事象を手掛かりに，大まかな歴史を理解するとともに，関連する先人の業績，優れた文化遺産を理解している。 ・遺跡や文化財，地図や年表などの資料で調べ，まとめている。	・世の中の様子，人物の働きや代表的な文化遺産などに着目して，我が国の歴史上の主な事象を捉え，我が国の歴史の展開を考えるとともに，歴史を学ぶ意味を考え，表現している。	・我が国の歴史上の主な事象について，主体的に問題解決しようとしたり，よりよい社会を考え学習したことを社会生活に生かそうとしたりしている。

【単元「大陸文化の摂取，大化の改新，大仏造営の様子」の評価規準（例）】

知識・技能	思考・判断・表現	主体的に学習に取り組む態度
①世の中の様子，人物の働きや代表的な文化遺産などについて，遺跡や文化財，地図や年表などの資料で調べ，必要な情報を集め，読み取り，大陸文化の摂取，大化の改新，大仏造営の様子を理解している。 ②調べたことを年表や文などにまとめ，天皇を中心とした政治が確立されたことを理解している。	①世の中の様子，人物の働きや代表的な文化遺産などに着目して，問いを見いだし，大陸文化の摂取，大化の改新，大仏造営の様子について考え表現している。 ②大陸文化の摂取，大化の改新，大仏造営の様子を関連付けたり総合したりして，この頃の世の中の様子を考え，適切に表現している。	①大陸文化の摂取，大化の改新，大仏造営の様子について，予想や学習計画を立てたり，学習を振り返ったりして，学習問題を追究し，解決しようとしている。

【単元「京都の室町に幕府が置かれた頃の代表的な建造物や絵画」の評価規準（例）】　<u>解説の記載事項</u>

知識・技能	思考・判断・表現	主体的に学習に取り組む態度
①世の中の様子，人物の働きや代表的な文化遺産などについて，遺跡や文化財，地図や年表などの資料で調べ，必要な情報を集め，読み取り，京都の室町に幕府が置かれた頃の代表的な建造物や絵画を理解している。 ②調べたことを年表や文などにまとめ，今日の生活文化につながる室町文化が生まれたことを理解している。	①世の中の様子，人物の働きや代表的な文化遺産などに着目して，問いを見いだし，京都の室町に幕府が置かれた頃の代表的な建造物や絵画について考え表現している。 ②京都の室町に幕府が置かれた頃の代表的な建造物や絵画の様子を関連付けたり総合したりして，この頃の文化の特色を考え，適切に表現している。	①京都の室町に幕府が置かれた頃の代表的な建造物や絵画について，予想や学習計画を立てたり，学習を振り返ったりして，学習問題を追究し，解決しようとしている。 ②学習したことを基に<u>長い歴史を経て築かれてきた我が国の伝統や文化と今日の自分たちの生活との関わり</u>を考えようとしている。

【単元「日中戦争や我が国に関わる第二次世界大戦，日本国憲法の制定，オリンピック・パラリンピックの開催」の評価規準（例）】

知識・技能	思考・判断・表現	主体的に学習に取り組む態度
①世の中の様子，人物の働きや代表的な文化遺産などについて，遺跡や文化財，地図や年表などの資料で調べ，必要な情報を集め，読み取り，日中戦争や我が国に関わる第二次世界大戦，日本国憲法の制定，オリンピック・パラリンピックの開催などを理解している。 ②調べたことを年表や文などにまとめ，戦後我が国は民主的な国家として出発し，国民生活が向上し，国際社会の中で重要な役割を果たしてきたことを理解している。	①世の中の様子，人物の働きや代表的な文化遺産などに着目して，問いを見いだし，日中戦争や我が国に関わる第二次世界大戦，日本国憲法の制定，オリンピック・パラリンピックの開催などについて考え表現している。 ②日中戦争や我が国に関わる第二次世界大戦，日本国憲法の制定，オリンピック・パラリンピックの開催などを関連付けたり総合したりして，我が国の政治や国民生活が大きく変わったことや，我が国が国際社会において果たしてきた役割を考えたり，学習してきたことを基に，歴史を学ぶ意味について考えたりして，適切に表現している。	①日中戦争や我が国に関わる第二次世界大戦，日本国憲法の制定，オリンピック・パラリンピックの開催などについて，予想や学習計画を立て，学習を振り返ったり見直したりして，学習問題を追究し，解決しようとしている。 ②学習してきたことを基に<u>過去の出来事と今日の自分たちの生活や社会との関連や，歴史から学んだことをどのように生かしていくかなど国家及び社会の発展を考え</u>ようとしている。

第2章　学習評価に関する事例について

1　事例の特徴

　第1編第1章2（4）で述べた学習評価の改善の基本的な方向性を踏まえつつ，平成29年改訂学習指導要領の趣旨・内容の徹底に資する評価の事例を示すことができるよう，本参考資料における事例は，原則として以下のような方針を踏まえたものとしている。

第3編

○　単元に応じた評価規準の設定から評価の総括までとともに，児童の学習改善及び教師の指導改善までの一連の流れを示している

　　本参考資料で提示する事例は，いずれも，単元の評価規準の設定から評価の総括までとともに，評価結果を児童の学習改善や教師の指導改善に生かすまでの一連の学習評価の流れを念頭においたものである（事例の一つは，この一連の流れを特に詳細に示している）。なお，観点別の学習状況の評価については，「おおむね満足できる」状況，「十分満足できる」状況，「努力を要する」状況と判断した児童の具体的な状況の例などを示している。「十分満足できる」状況という評価になるのは，児童が実現している学習の状況が質的な高まりや深まりをもっていると判断されるときである。

○　観点別の学習状況について評価する時期や場面の精選について示している

　　報告や改善等通知では，学習評価については，日々の授業の中で児童の学習状況を適宜把握して指導の改善に生かすことに重点を置くことが重要であり，観点別の学習状況についての評価は，毎回の授業ではなく原則として単元や題材など内容や時間のまとまりごとに，それぞれの実現状況を把握できる段階で行うなど，その場面を精選することが重要であることが示された。このため，観点別の学習状況について評価する時期や場面の精選について，「指導と評価の計画」の中で，具体的に示している。

○　評価方法の工夫を示している

　　児童の反応やノート，ワークシート，作品等の評価資料をどのように活用したかなど，評価方法の多様な工夫について示している。

2 各事例概要一覧と事例

事例1 キーワード　指導と評価の計画から評価の総括まで/「知識・技能」の評価

「廃棄物を処理する事業」（第4学年内容⑵）

　単元の目標及び評価規準，指導と評価の計画，単元の目標に準拠した総括的な評価の流れを示した事例である。また，ここでは，「知識・技能」の評価について，「知識・技能」を「必要な情報を集め，読み取り～を理解している」「調べたことを～にまとめ，～を理解している」という「知識」と「技能」を関連付けて評価することを具体的な事例を通して説明している。

事例2 キーワード　「内容のまとまり」ごとに長期的な視点で行う評価

/ 「主体的に学習に取り組む態度」の評価

「火災から人々の安全を守る」「事故や事件から人々の安全を守る」（第3学年内容⑶）

　ここでは，第3学年⑶「地域の安全を守る働き」として，「火災」と「事故や事件」に関する二つの単元を通した目標及び評価規準，指導と評価の計画，単元の目標に準拠した評価の流れを長期的な視点で示した事例である。この単元は，内容の取扱いにおいて，「緊急時に対処する体制をとっていること」と「防止に努めていること」については，火災と事故はいずれも取り上げることが示され，さらに，その際，どちらかに重点を置くなど効果的な指導を工夫することが求められている単元である。この点も踏まえ，この事例では，長期的な視点で行う，効率的な評価について示している。また，ここでは「主体的に学習に取り組む態度」の評価について，主体的に問題解決する態度とよりよい社会を考え学習したことを社会生活に生かそうとする態度について具体的な事例を通して説明している。

事例3 キーワード　「評価したことを指導に生かす」と「評価したことを記録に残す」

/ 「思考・判断・表現」の評価

「米づくりのさかんな地域」（第5学年内容⑵）

　学習評価は児童の学習状況を把握して指導に生かすことを基本としている。一方で，法定の表簿である児童指導要録における「評定（3，2，1）」を定めるための評価資料を集める趣旨から，ＡＢＣの評価を定めて記録する必要もある。すなわち，学習評価には「指導に生かす」と「記録に残す」という二つの側面がある。「記録に残す」ための場面については，「指導と評価の一体化」の観点から，単元の目標に沿って指導した結果が表れる場面が考えられる。そのため，評価資料を集めてＡＢＣの標語を定める場面は，単元の後半に多くなると考えることができる。ここでは，単元の指導と評価の計画と1時間の学習指導案を示し，「思考・判断・表現」の観点で評価する際の「評価したことを指導に生かす」場面と評価資料を分析して「評価したことを記録に残す」場面の評価の実際を例示している。また，「思考・判断・表現」の「～などに着目して，問いを見いだし，～について考え表現している」と「学習したことを基に〇と〇を（比較・関連付け，総合など）して～を考えたり，社会への関わり方を選択・判断したりして，適切に表現している」の評価について具体的な事例を通して説明している。

事例4 キーワード　多様な評価方法の事例

（第6学年内容⑴⑵⑶）

　ここでは，第6学年の内容を基に，ワークシート，ノートの記述，関係図，作品などの評価方法の工夫例を社会科の特質に応じて位置付け，実際の評価資料と評価の在り方について事例を示す。

社会科　　事例1
キーワード　指導と評価の計画から評価の総括まで　/　「知識・技能」の評価

単元名	内容のまとまり
廃棄物を処理する事業	第4学年内容(2) 「人々の健康や生活環境を支える事業」

1　単元の目標

　廃棄物を処理する事業について，処理の仕組みや再利用，県内外の人々の協力などに着目して，見学・調査したり地図などの資料で調べたりしてまとめ，廃棄物の処理のための事業の様子を捉え，その事業の果たす役割を考え，表現することを通して，廃棄物を処理する事業は，衛生的な処理や資源の有効利用ができるよう進められていることや，生活環境の維持と向上に役立っていることを理解できるようにするとともに，主体的に学習問題を追究・解決し，学習したことを基に地域社会の一員として自分たちが協力できることを考えようとする態度を養う。

2　単元の評価規準

知識・技能	思考・判断・表現	主体的に学習に取り組む態度
①処理の仕組みや再利用，県内外の人々の協力などについて，見学・調査したり地図などの資料で調べたりして，必要な情報を集め，読み取り，廃棄物の処理のための事業の様子を理解している。 ②調べたことを白地図や図表，文などにまとめ，廃棄物を処理する事業は，衛生的な処理や資源の有効利用ができるよう進められていることや，生活環境の維持と向上に役立っていることを理解している。	①処理の仕組みや再利用，県内外の人々の協力などに着目して，問いを見いだし，廃棄物の処理のための事業の様子について考え表現している。 ②廃棄物を処理する仕組みや人々の協力関係と地域の良好な生活環境を関連付けて廃棄物の処理のための事業の果たす役割を考えたり，学習したことを基にごみを減らすために，自分たちが協力できることを考えたり選択・判断したりして表現している。	①廃棄物を処理する事業について，予想や学習計画を立て，学習を振り返ったり見直したりして，学習問題を追究し，解決しようとしている。 ②学習したことを基にごみを減らすために，自分たちが協力できることを考えようとしている。

3 指導と評価の計画 （全10時間）　　※網掛けは，評価したことを記録に残す場面

時間	ねらい	○主な学習活動 ・内容	□資料	評価方法と【評価規準】
1	たくさんのごみのゆくえについて話し合い，学習問題をつくることができるようにする。	○家や学校等から出るたくさんのごみのゆくえについて話し合い，学習問題をつくる。 ・家や学校，市（区町村）から出るゴミの量 ・ごみの種類や出し方 ・学習問題の設定 　　　　　　　　　　　など ごみの処理にたずさわる人々は，たくさんのごみをどのようにして処理しているのでしょうか。	□グラフ「ごみの量や種類」（家・学校） □グラフ「市のごみの量」 □表「ごみの分別表」 □写真「ごみステーション」「ごみ収集車」「清掃工場やリサイクルセンター」	発言内容やノートの記述内容から「処理の仕組みや再利用などに着目して，問いを見いだしているか」を評価する。　　　　　【思－①】
2	学習問題の解決に向けて予想や学習計画を立てることができるようにする。	○学習問題の解決に向けて予想や学習計画を立てる。 ・学習問題解決に向けた予想 ・学習計画の立案 　清掃工場の見学 　リサイクルセンター調べ	□学習計画表	発言内容，ノートの記述内容や学習計画表から「学習問題の解決に向けた予想や学習計画を立て，解決の見通しをもっているか」を評価する。【態－①】
3・4	見学・調査したり資料で調べたりして，清掃工場が燃えるごみを処理する様子を調べることができるようにする。	○清掃工場が燃えるごみを処理する様子を見学・調査したり各種資料を活用したりして調べる。 ・清掃工場が燃えるごみを処理する仕組み ・清掃工場の仕事の工夫や苦労	□パンフレット「清掃工場」 □清掃工場の方の話	ノートや見学カードへの記述内容から「必要な情報を集め，読み取り，燃えるごみを処理する仕組みなどについて理解しているか」を評価する。　　　　　【知－①】
5	資料を活用し，リサイクルセンターが燃えないごみや資源ごみ，粗大ごみを再利用する様子を調べることができるようにする。	○リサイクルセンターが燃えないごみや資源ごみ，粗大ごみを再利用する様子を各種資料で調べる。 ・燃えないごみ，資源ごみ，粗大ごみを再利用する仕組み ・リサイクルセンターの仕事の工夫や苦労	□パンフレット「リサイクルセンター」 □図「リサイクルの仕組み」 □文章資料「リサイクルセンターの方の話」	ワークシートの記述内容や発言内容から「必要な情報を集め，読み取り，燃えないごみや資源ごみ，粗大ごみを再利用する仕組みなどについて理解しているか」を評価する。　　　　　【知－①】
6	見学・調査したり資料で調べたりしたことをまとめ，話し合い，学習を見直すことができるようにする。	○これまで調べてきたことをまとめ，さらに調べるべきことについて話し合う。 【まとめること】 ・ごみ処理の仕組みや経路 ・ごみ処理に関わる人々の働き 【さらに調べるべきこと】 ・灰の処理に関する問題	□これまでに活用してきた資料 □ノート □実物「灰」	ノートの記述内容や学習計画表から「これまでの学習を振り返り，さらに調べるべきことを見いだし，見通しをもって追究しようとしているか」を評価する。　　　　　【態－①】

7	市（区町村）が行っているごみ処理問題の解決策を調べ，計画的な取組について考えることができるようにする。	○市（区町村）がごみ処理問題を計画的に解決している様子を調査したり各種資料を活用したりして調べる。 ・市（区町村）が現在のごみ処理問題を解決している様子 ・市（区町村）がこれまでのごみ処理問題を解決してきた様子	□文章資料「市役所の方の話」 □写真「昔と今のごみ処理の様子」 □写真「最終処分場」	ノートの記述内容から「現在に至るまでに衛生的に処理する仕組みが作られ，計画的に改善されてきたことについて考え表現しているか」を評価する。 【思－①】
8	調べたことを基に，学習問題について話し合い，ごみを処理する仕組みや人々の協力関係と地域の良好な生活環境を関連付け，ごみの処理のための事業の果たす役割を考え表現することができるようにする。	○学習問題について話し合い，ごみを処理する事業の果たす役割について考える。 ・ごみ処理事業の役割についての自分の考え	□資料「学習で活用してきた資料」 □ノート	ノートの記述内容や発言内容などから「学習したことを基にごみを処理する仕組みや人々の協力関係と地域の良好な生活環境を関連付け，ごみの処理のための事業の果たす役割を考え表現しているか」を評価する。 【思－②】
9	調べたことをもとに，学習問題について図や文にまとめることができるようにする。	○学習問題について調べたことや話し合ったことに基づいて，ごみ処理の仕組みや経路，人々の協力関係などについて図や文にまとめる。 ・学習問題に対するまとめ	□資料「学習で活用してきた資料」 □ノート	ノートの記述内容から「廃棄物を処理する事業は，衛生的な処理や資源の有効利用ができるよう進められていることや，それらは生活環境の維持と向上に役立っていることを理解しているか」を評価する。 【知－②】
10	様々な立場からごみを減らすための呼びかけをしていることについて考え，ごみを減らすために自分たちに協力できることは何か考えようとする態度を養う。	○様々な立場からごみを減らすための呼びかけをしていることについて話し合い，ごみを減らすために自分たちにできることは何か考え，発表し合う。 ○ごみを減らすために自分たちにできることについてノートに自分なりの考えをまとめる。 ・ごみを減らす呼びかけおよびその理由 ・リサイクル法 ・世界のごみ処理の様子 ・ごみを減らすために自分たちが協力できること	□文章資料「ごみ減量に関する様々な取組」「ごみの輸出」 □グラフ「一人あたりのゴミの焼却量」「世界の焼却炉の数」	ノートの記述内容や発言内容から「学習したことを基に，ごみを減らすために，自分たちが協力できることを考えたり選択・判断したりして表現しているか」を評価する。 【思－②】 ノートの記述内容から「単元の学習を振り返り，ごみを減らすために，自分たちが協力できることを考えようとしているか」を評価する。 【態－②】

学習過程【学習問題をつかむ】1・2時【学習問題を追究する】3・4・5・6・7時【まとめる】8・9・10時

4　観点別学習状況の評価の進め方

　本事例では，以下の点に留意して観点別に学習状況の評価を進めた。

（1）効果的・効率的な評価のための工夫

①評価したことを記録に残す場面を明示

　指導した結果としての学習状況を評価結果として記録に残すことは，観点別の評価結果を総括する際に必要である。そのためには，ノートやワークシート，学習計画表等の記述内容を評価資料として収集することが大切である。

　本単元では，評価資料の収集を効果的・効率的に行うことができるよう，指導と評価の計画を作成する際に，評価したことを指導に生かすことに加え，全ての児童から評価資料を収集して評価したことを記録に残すものに焦点化して，評価資料の収集・記録を心掛けた。

　その際，単元のまとまりを見通し，目標の実現状況が児童の反応から顕著に見られる場面を「評価したことを記録に残す場面」として明示した（「指導と評価の計画」の網掛け部分）。

②児童一人一人の学習状況を把握し，指導に生かすための工夫

　児童一人一人の学習状況を把握して，指導に生かすためには，評価規準に照らして，「どのような評価資料から，どのような具体的な姿を捉えるのか」という評価方法を明確にしておく必要がある。そのことを「指導と評価の計画」では学習状況を具体的に捉えるために「～（評価資料）から，『～しているか』を評価する」という記述でまとめている。『～しているか』という姿をあらかじめ具体的に想定しておくことで，「努力を要する」すなわち「～していない」と評価せざるを得ない児童への指導の手立てが明確になる。

　例えば，本単元では，清掃工場の見学・調査活動（3・4／10時間）においては，「ノートや見学カードへの記述内容（評価資料）」から，「必要な情報を集め，読み取り，燃えるごみを処理する仕組みなどについて理解しているか」という具体的な姿を想定している。この指導と評価の計画を基に実際の学習活動を通して児童の学習状況を捉え，「～調べ，～まとめ，～理解している」という知識・技能の観点で評価している。

（2）各観点の評価の実際

　それぞれの観点については，以下の点に留意して評価を進めた。

ア「知識・技能」

　【知－①】では，【学習問題を追究する】段階の「調査・見学したり資料を活用したりして調べる場面」において，ノートの記述内容や発言内容を通して評価した。

　具体的には，処理の仕組みや再利用，県内外の人々の協力などについて，清掃工場やリサイクルセンターで見学・調査したり各種資料を活用したりして必要な情報を集め，読み取り，廃棄物の処理のための事業の様子を具体的に理解しているかを評価した。

【第3・4時】

> ＜評価方法と評価規準＞ノートや見学カードへの記述内容から「必要な情報を集め，読み取り，燃えるごみを処理する仕組みなどについて理解しているか」を評価する。　　　【知－①】

U児　見学カードに記入されていた主な事項　　　▼見学カード一部抜粋（④焼却炉について）

①ごみ計量器について
②プラットホームについて
③ごみピットとごみクレーンについて
④焼却炉について
⑤ボイラーについて
⑥灰溶融炉について

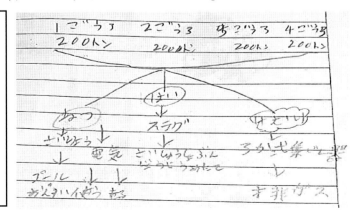

第3編
事例1

M児　　　　　　　【M児見学カード記入内容】

- プラットホーム　ごみを処理する場所
- ボイラー　焼却炉
- ごみピット　ごみをためておく所
- 灰は１６００度～１８００度で燃やす
- 働く人の思い　安全にごみを処理する
- クレーンがかっこよかった。

　U児の見学カードには，燃えるごみが処理される仕組みや順番について見学に行って見たり聞いたりした内容が事項ごとに具体的に記述されていた。加えて熱，灰，煙の流れについても燃えるごみを処理する仕組みについて説明が記述されていた。以上のことから「おおむね満足できる」状況（B）と判断した。

　M児の見学カードには，見学場所の様子は記述されているものの，燃えるごみを処理する仕組みや順番等については断片的な記述にとどまることから「努力を要する」状況（C）と判断した。そこで，５時間目に入る前に，燃えるごみを処理する仕組みについてM児に質問して整理を促したり，パンフレットや他の児童のまとめた作品等を活用したりして，学習を補い，評価したことを指導に生かすようにした。

【第５時】

＜評価方法と評価規準＞ワークシートの記述内容や発言内容から「必要な情報を集め，読み取り，燃えないごみや資源ごみ，粗大ごみを再利用する仕組みなどについて理解しているか」を評価する。　　　　　　　　　　　　　　　　　　　　　　　　　　　　　　【知－①】

U児　　　　　　　　　　　▼　ワークシートの一部　▼

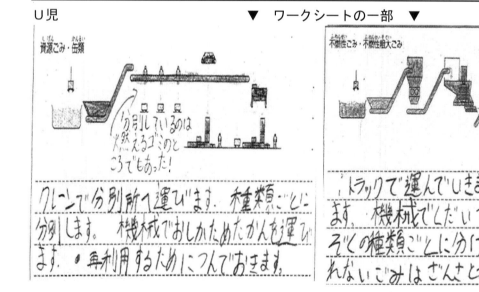

　U児のワークシートには，資料から燃えないごみや資源ごみ，粗大ごみを再利用している仕組みについて読み取って「クレーンで運ぶ」「種類ごとに分別」など，具体的に記述されていた。以上のことから「おおむね満足できる」状況（B）と判断した。

【知－②】では，【まとめる】段階の「調べたことを基に学習問題について図や文にまとめる場面」において，ノートの記述内容などを通して評価した。具体的には，学習問題の解決のために調べたことをノートにまとめた内容などから，廃棄物を処理する事業は，衛生的な処理や資源の有効活用ができるよう進められていることや，それらは生活環境の維持と向上に役立っていることをまとめ，具体的に理解しているかを評価した。

【第9時】

> ＜評価方法と評価規準＞ノートの記述内容などから，「廃棄物を処理する事業は，衛生的な処理や資源の有効利用ができるよう進められていること，それらは生活環境の維持と向上に役立っていることを理解しているか」を評価する。　　　　　　　　　　　　　　　　　　　【知－②】

Y児　　　　　▼　ノートの一部（ベン図）

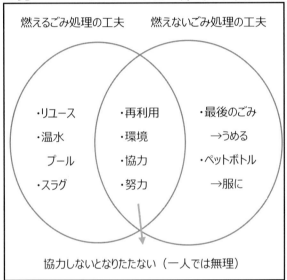

【まとめ記述一部抜粋】わたしは，ごみの学習をして，市役所や清掃工場，リサイクルプラザなどの努力のおかげで，きれいな環境で生活できることがわかりました。特に燃やすごみは安全に気を付けていました。（中略）また，ごみを出す種類が曜日ごとに違う理由はごみが市にあふれないようにするためや，周りの市や町と協力してごみを処理していることを知り，わたしたちも「協力すること」が大切だと思いました。最終処分場にうめる量を減らすためにも環境のためにも，ごみを減らすことやリサイクルが大切だと思いました。

　Y児のノートには，清掃工場（左の円）とリサイクルセンター（右の円）の取組とその共通点（中央）についてベン図に整理した記述と，まとめの記述が見られた。まとめには，「市役所や清掃工場，リサイクルプラザなどの努力のおかげで，きれいな環境で生活できること」，「ごみを出す種類が曜日ごとに違う理由はごみが市にあふれないようにするため」，「周りの市や町と協力してごみを処理していること」に加え，「特に燃やすごみは安全に気を付けていること」，「最終処分場にうめる量を減らすためにも環境のためにも，ごみを減らすことやリサイクルが大切」といった記述が見られた。以上のことから「十分満足できる」状況（A）と判断した。

M児

【まとめ記述一部抜粋】ぼくは，ごみの学習をして，清掃工場やリサイクルプラザがなかったら，人の住める環境がなくなってしまうと思いました。ごみを出す日を決めたり，清掃工場を増やしたりして，市役所の人も色々きまりをつくっているから今の生活があるんだなと思いました。（中略）近くの市とも協力をしているとは思いませんでした。自分も協力をしないといけないと思いました。

　M児のノートには，「清掃工場やリサイクルプラザがなかったら，人の住める環境がなくなってしまう」「ごみを出す日を決めたり，清掃工場を増やしたり」「近くの市とも協力をしている」と記述されている。以上のことから「おおむね満足できる状況」（B）とした。

イ 「思考・判断・表現」

【思－①】では，【学習問題をつかむ】段階の「問いを見いだす場面」と【学習問題を追究する】段階の「学習問題の解決のために考え表現する場面」それぞれにおいて，「社会的事象に着目して，問いを見いだし，社会的事象の様子について考え表現しているか」という学習状況を発言内容やノートの記述内容から捉えて，評価した。

具体的には，「問いを見いだす場面」では，発言内容やノートの記述内容から，「学校や家庭，市全体として出るごみの量や種類のグラフ」や「ごみの分別表」，「ごみステーションやごみ収集車，清掃工場やリサイクルセンターの写真」から処理の仕組みや再利用などに着目して，「どのようにごみを集めているのだろう」「集めたごみはどのように処理しているのだろう」「再利用は，どうしているのだろう」などと問いを見いだし，考え，表現しているかを評価した。

また，【まとめる】段階の「考え表現する場面」では，見学・調査や聞き取り調査などを行ったり各種資料を活用したりして調べた際のノートの記述内容を通して，現在に至るまでに衛生的に処理する仕組みが作られ，計画的に改善されてきたことについて考え，まとめているかを評価した。

【思－②】では，【まとめる】段階の「学習問題について話し合う場面」と「新たな課題を把握し，社会への関わり方を選択・判断する場面」それぞれにおいて，「(比較・関連付け，総合など)して社会的事象の特色や意味を考えたり，学習したことを基に社会への関わり方を選択・判断したりして，適切に表現しているか」という学習状況をノートの記述内容や発言内容から捉えて，評価した。

具体的には，「学習問題について話し合う場面」では，ノートの記述内容から，学習したことを基にごみを処理する仕組みや人々の協力関係と地域の良好な生活環境を関連付け，ごみの処理のための事業の果たす役割を考え，説明するなどして表現しているかを評価した。

また，「新たな課題を把握し，社会への関わり方を選択・判断する場面」においては，ノートの記述内容から，学習したことを基に，ごみを減らすために，自分たちが協力できることを考えたり選択・判断したりして表現しているかを評価した。

ウ 「主体的に学習に取り組む態度」

【態－①】では，【学習問題をつかむ】段階の「予想や学習計画を立てる場面」において，知識及び技能を獲得したり，思考力，判断力，表現力等を身に付けたりすることに向けた粘り強い取組を行おうとする側面を発言内容，ノートの記述内容や学習計画表を通して評価した。

また，【学習問題を追究する】段階の「学習を見直す場面」において，粘り強い取組を行う中で，自らの学習を調整しようとする側面を発言内容，ノートの記述内容から評価した。

具体的には，「予想や学習計画を立てる場面」では，発言内容，ノートの記述内容から，学習問題の解決に向けた予想や学習計画を立て，解決の見通しをもっているかを評価した。

「学習を見直す場面」においては，ノートの記述内容や学習計画表から，これまでの学習を振り返り，学習を見直し，まだ解決しきれていない灰の処理の仕方について解決の見通しをもとうとしているかを評価した。

【態－②】では，【まとめる】段階の「新たな課題を把握し，社会への関わり方を選択・判断する場面」において，よりよい社会を考え学習したことを社会生活に生かそうとする側面をノートの記述内容や発言内容から評価した。

具体的には，ノートの記述内容から，学習したことを基にごみを減らすために，自分たちが協力できることを考えようとしているかを評価した。

5 観点別評価の総括

本事例では，以下の考え方で単元の観点別評価における観点ごとの総括を行った。

○評価を行う場面や頻度の精選を踏まえ，単元を通してそれぞれの観点の実現状況が把握できる段階で，評価したことを記録に残し，総括的な評価を行った。

○評価したことを記録に残す場面では，「十分満足できる」状況（Ａ），「おおむね満足できる」状況（Ｂ），「努力を要する」状況（Ｃ）の３段階で評価し，それ以外の評価場面では，評価規準に照らして「努力を要する」状況（Ｃ）と判断した児童への指導や支援を行うことを重視した。

○観点ごとの総括の方法は次のように考えた。

知識・技能と思考・判断・表現については，単元後半において行った評価結果を重視した。それは，最後の評価場面における評価結果は，継続的に指導を積み重ねた結果の学習状況であると捉えたからである。

　ただし，主体的に学習に取り組む態度については，予想や学習計画を立て，学習を振り返ったり見直したりして，学習問題を追究・解決しようとしている「主体的に問題解決しようとする態度」【態－①】と，「よりよい社会を考え学習したことを社会生活に生かそうとしている」【態－②】という二つの態度について評価することになる。そこで，それぞれの趣旨を踏まえて評価をすることから，最後の評価場面の評価結果だけを重視するのではなく，二つの態度を一体的に見取りつつも，それぞれの態度を積極的に評価するという考えから，評価結果が二つ以上の場合，A→AをA評価，C→CをC評価とした。

	評価規準 ［　］内数字は時数を表す	Y児	U児	M児
知識・技能	【知－①】［③④］			
	【知－①】［⑤］			
	【知－②】［⑨］	A	B	B
	単元の総括的な評価	A	B	B
思考・判断・表現	【思－①】［①］			
	【思－①】［⑦］			
	【思－②】［⑧］	A	B	B
	【思－②】［⑩］			
	単元の総括的な評価	A	B	B
主体的に学習に取り組む態度	【態－①】［②］			
	【態－①】［⑥］	A	B	C
	【態－②】［⑩］	A	A	B
	単元の総括的な評価	A	B	B

　表の空欄部分は，評価したことを記録に残すことを重視せず，児童の学習状況を見取り，指導に生かし，学習改善や指導改善につないだ時間を意味している。評価が記入されている部分は，評価したことを指導に生かしつつ，評価したことを記録に残す時間を意味している。

　なお，評価の基本は，児童の学習状況を捉えることとともに，その結果を指導に生かすことである。これを「指導と評価の計画」では，「評価したことを指導に生かす」と示し，毎時間行う。その中で，特に指導した結果としての評価資料を全ての児童から収集する場面（「指導と評価の計画」の網掛け部分）を重点的に設定し，「評価したことを記録に残す」場面として示している。ここでは，単元における観点ごとの評価規準を①と②に分けて二つずつ設ける形を基本としているため，自ずと評価規準②で評価資料を集めることが多くなっている。ただし，例えば単元によっては「主体的に学習に取り組む態度」の観点の評価規準②が設定されない場合もあり，その場合は評価規準①で評価資料を集めることも考えられる。他の観点においても，「評価資料は必ず評価規準②で集め，評価規準①では集めない」などと固定的には考えず，柔軟に計画することが大切である。単元の学習全体を見据えて，三つの資質・能力を意図的・計画的に養うよう指導し，指導した結果を評価資料とすることを基本とし，単元の前半において評価資料を集める場合には，目標に沿って丁寧に指導した上で，その結果を評価資料とする必要がある。

社会科　　事例2

キーワード　「内容のまとまり」ごとに長期的な視点で行う評価/

「主体的に学習に取り組む態度」の評価

単元名	内容のまとまり
単元1「火災から人々の安全を守る」 単元2「事故や事件から人々の安全を守る」	第3学年　内容(3)「地域の安全を守る働き」

1　指導と評価の計画

(1)単元1「火災から人々の安全を守る」の計画（7時間）

①単元の目標

　　火災から地域の安全を守る働きについて，消防署などの施設・設備などの配置，緊急時への備えや対応などに着目して，見学・調査したり地図などの資料で調べたりしてまとめ，消防署などの関係諸機関や地域の人々の相互の関連や従事する人々の働きを考え，表現することを通して，消防署などの関係機関は，地域の安全を守るために，相互に連携して緊急時に対処する体制をとっていることや，関係機関が地域の人々と協力して火災の防止に努めていることを理解できるようにするとともに，主体的に学習問題を追究・解決しようとする態度を養う。

②単元の評価規準

知識・技能	思考・判断・表現	主体的に学習に取り組む態度
①消防施設・消防設備などの配置，緊急時への備えや対応などについて，消防署などの関係機関や関連する施設を見学・調査したり地図などの資料で調べたりして，必要な情報を集め，読み取り，関係機関や地域の人々の諸活動を理解している。 ②調べたことを白地図や図表，文などにまとめ，消防署などの関係機関は，地域の安全を守るために，相互に連携して緊急時に対処する体制をとっていることや,関係機関が地域の人々と協力して火災などの防止に努めていることを理解している。	①消防施設・消防設備などの配置，緊急時への備えや対応などに着目して，問いを見いだし，関係機関や地域の人々の諸活動について考え表現している。 ②連携・協力している関係機関の働きを比較・分類したり，関連付けたりして消防署などの関係機関の相互の関連を考えたり，関係機関に従事する人々の活動と地域の人々の生活を関連付けて，従事する人々の働きを考え，表現している。	①火災から地域の安全を守る働きについて予想や学習計画を立てたり，学習を振り返ったりして，学習問題を追究し，解決しようとしている。

③指導と評価の計画（全7時間）　　　　　　　※網掛けは，評価したことを記録に残す場面

時間	ねらい	○主な学習活動　・内容	□資料	評価方法と【評価規準】
1	地域の安全なくらしを守る働きについて学習問題をつくることができるようにする。	○イラストや生活経験を基に，地域の安全を守る働きについて話し合う。 ・地域の安全を守るために，だれがどこで，何をしているか	□写真「消火活動をする様子」 「事故現場の様子」	ノートの記述や発言の内容から「地域の安全を守るための関係機関や人々，その働きに着目して，問いを見いだしているか」を評価する。 【思－①】

2	火事から地域の安全を守るための働きについて単元の学習問題をつくり，学習計画を立てることができるようにする。	○イラストやグラフ，写真などから学習問題をつくる。 ・単元の学習問題の設定 ○学習問題の予想をもち，学習計画を立てる。 ・学習問題の予想 ・学習計画の立案	□イラスト「消火活動」 □グラフ「火災発生件数や原因別の数」	ノートの記述内容や発言の内容から「火災の際に安全を守るための関係機関や人々の働きに着目して，問いを見いだしているか」を評価する。　【思－①】 活動の様子やノートの記述から，「火災から地域の安全を守る働きについて，予想や学習計画を立て，解決の見通しをもっているか」を評価する。　【態－①】
	火事の時や，火事を防ぐために，だれが，どこで，どのような働きをしているのか。			
3	消防署の人たちがどのような働きをしているか理解できるようにする。	○消防士の話を聞いたり，訓練，点検の様子を観察したりし，消防署の人たちの働きを調べる。 ・訓練・点検を欠かさないこと ・器具，消防車，服，勤務時間などの工夫	□写真「訓練・点検」 □図・表「器具，消防車，服，勤務時間など」	見学カードやノートの記述内容から「緊急時への備えや対応などについて，消防署を見学・調査し，必要な情報を集め，読み取り，消防署は緊急時に対処する体制をとっていることを理解しているか」を評価する。　【知－①】
4	火事が起きたときの関係機関の働きを理解できるようにする。	○通信指令室と関係機関の人々の働きを調べる。 ・通信指令室の働き ・関係機関の働き	□イラスト「通信指令室と関係機関のつながり」	ノートの記述内容や発言内容から「緊急時への対応などについて，通信指令室の働きを基に必要な情報を集め，読み取り，関係機関は火災の時，緊急時に対処する体制をとっていることを理解しているか」を評価する。　【知－①】
5	身近な消防施設の働きについて理解できるようにする。	○家や学校，地域の消防施設を調べる。 ・身近な消防施設の分布や働き	□地図・文章「身近な消防施設の分布や働き」	ノートの記述内容や発言内容から「消防施設・消防設備などの配置などについて，地域の消防施設の分布や働きをもとに必要な情報を集め，読み取り，関係機関が地域の人々と協力して火災などの防止に努めていることを理解しているか」を評価する。　【知－①】
6	火災発生時や，火災予防のための関係機関と地域の人々の諸活動について考えることができるようにする。	○消火，防火についての地域の活動について調べ，活動の意味を考える。 ・消防団の働き ・市民の防災訓練	□写真「消防団の働きや地域の防災訓練の様子」	ノートの記述内容や発言内容から「地域の消火・防火についての取り組みを調べ，関係機関や地域の人々の諸活動について考え表現しているか」を評価する。　【思－①】
7	火事から安全を守る人々の働きについてまとめることができるようにする。	○調べたことをもとに，消火・防火についての関係図をつくる。 ○消火・防火についての消防署や関係機関の働きについて関係図をもとに考え，まとめる。 ・点検・訓練 ・通信指令室 ・消防施設 ・消防団，地域の取組	□今までの学習を再構成した関係図	ノートや関係図の記述内容から「連携・協力している関係機関の働きを比較・分類したり，関連付けたりして関係機関の相互の関連を考えたり，関係機関に従事する人々の活動と地域の人々の生活を関連付けて，従事する人々の働きを考えたりして表現しているか」を評価する。　【思－②】 ノートや関係図の記述内容から「消防署などの関係機関は，地域の安全を守るために，相互に連携して緊急時に対処する体制をとっていることや，関係機関が地域の人々と協力して火災の防止に努めていることを理解しているか」を評価する。　【知－②】

学習過程【学習問題をつかむ】1・2時【学習問題を追究する】3・4・5・6時【まとめる】7時

（2）単元２「事故や事件から人々の安全を守る」の計画（8時間）

①単元の目標

　事故や事件から地域の安全を守る働きについて，警察署などの施設・設備などの配置，緊急時への備えや対応などに着目して，見学・調査したり地図などの資料で調べたりしてまとめ，警察署などの関係諸機関や地域の人々の相互の関連や従事する人々の働きを考え，表現することを通して，警察署などの関係機関は，地域の安全を守るために，相互に連携して緊急時に対処する体制をとっていることや，関係機関が地域の人々と協力して事故や事件の防止に努めていることを理解できるようにするとともに，主体的に学習問題を追究・解決し，学習したことを基に地域の安全を守るために地域社会の一員として自分たちができることを考えようとする態度を養う。

②単元の評価規準

知識・技能	思考・判断・表現	主体的に学習に取り組む態度
①警察署などの施設・設備などの配置，緊急時への備えや対応などについて，警察署などの関係機関や関連する施設を見学・調査したり地図などの資料で調べたりして，必要な情報を集め，読み取り，関係機関や地域の人々の諸活動を理解している。 ②調べたことを白地図や図表，文などにまとめ，警察署などの関係機関は，地域の安全を守るために，相互に連携して緊急時に対処する体制をとっていることや，関係機関が地域の人々と協力して事故や事件などの防止に努めていることを理解している。	①警察署などの施設・設備などの配置，緊急時への備えや対応などに着目して，問いを見いだし，関係機関や地域の人々の諸活動について考え表現している。 ②連携・協力している関係機関の働きを比較・分類したり，関連付けたりして警察署などの関係機関の相互の関連を考えたり，関係機関に従事する人々の活動と地域の人々の生活を関連付けて，従事する人々の働きを考えたり，学習したことを基に地域や自分自身を守るためにできることを考えたり選択・判断したりして表現している。	①事故や事件から地域の安全を守る働きについて予想や学習計画を立て，学習を振り返ったり見直したりして，学習問題を追究し，解決しようとしている。 ②学習したことを基に地域の安全を守るために自分たちができることを考えようとしている。

③指導と評価の計画（全8時間）　　　　　　　　※　網掛けは，評価したことを記録に残す場面

　学習過程【学習問題をつかむ】1時【学習問題を追究する】2・3・4・5時【まとめる】6・7・8時

時間	ねらい	○主な学習活動・内容	□資料	評価方法と【評価規準】
1	火災の学習を振り返り，事故や事件から地域の安全を守るための働きについて学習問題をつくり，学習計画を立てることができるようにする。	○イラストやグラフ，写真などから学習問題をつくる。 ・学習問題の設定 ○学習問題の予想をもち，学習計画を立てる。 ・学習問題の予想 ・学習計画の立案 事故や事件から地域の安全を守るために，だれが，どこで，どのような働きをしているのか。	□イラスト・写真「警察が活動している様子」 □グラフ「事故や事件の発生件数」	ノートの記述や発言内容から「安全を守るための関係機関や人々，その働きに着目して，問いを見いだしているか」を評価する。 【思－①】 発言の内容やノート記述から「単元1の追究の過程を振り返り，予想や学習計画を立て，解決の見通しをもっているか」を評価する。 【態－①】
2	警察がどのような仕事をしているか理解できるようにする。	○警察署の方の話を聞いたり，仕事を観察したりし，警察署の人たちの仕事を調べる。 ・警察の一日の仕事 ・法やきまり	□イラスト「警察の一日の仕事」 □インタビューメモ	見学カードやノートの記述内容から「警察署を見学・調査したり地図などの資料で調べたりして，必要な情報を集め，読み取り，警察の諸活動を理解しているか」を評価する。 【知－①】

3	事故が起きたときの関係機関の働きを理解できるようにする。	○通信指令室と関係機関の人々の働きを調べる。 ・通信指令室の働き ・関係機関の働き	□イラスト「通信指令室と関係機関のつながり」	見学カードやノートの記述内容から「通信指令室の働きをもとに必要な情報を集め，読み取り，関係機関は事故の際，緊急時に対処する体制をとっていることを理解しているか」を評価する。【知－①】
4	地域の安全を守る施設や活動について理解できるようにする。	○地域の安全を守る施設や人々の活動について調べる。 ・こども１１０番 ・地域パトロール ・道路標識など	□地図・文章「地域の安全を守るための施設や働き」	見学カードやノートの記述内容から「安全を守るための施設・設備について，必要な情報を集め，読み取り，関係機関や地域の人々は事故や事件を防止する体制をとっていることを理解しているか」を評価する。【知－①】
5	地域の安全を守るための関係機関や地域の人々の諸活動について考えることがきるようにする。	○地域の人たちの安全を守るための活動について調べ，活動の意味を考える。 ・ＰＴＡの活動 ・自治会の働き ・安全マップ	□写真「防犯パトロールやＰＴＡの安全見守り隊などの活動の様子」	見学カードやノートの記述内容から「地域の事故や事件を防止する取り組みを調べ，関係機関や地域の人々の諸活動について考え表現しているか」を評価する。【思－①】
6	事故や事件から安全を守る人々の働きについてまとめることができるようにする。	○関係図をつくり，事故や事件に対応したり，防止したりする警察署や関係機関の働きをまとめる。 ・１１０番 ・法やきまり ・子ども１１０番 ・安全マップ	□今までの学習を再構成した関係図	ノートの記述内容から「調べたことを白地図や図表，文などにまとめ，警察署などの関係機関は，地域の安全を守るために，相互に連携して緊急時に対処する体制をとっていることや，関係機関が地域の人々と協力して事故や事件などの防止に努めていることを理解しているか」を評価する。【知－②】
7	消防と警察を比べ，安全を守る仕事についてまとめることができるようにすると共に，二つの単元の学習を振り返り，さらに調べるべきことを見いだすことができるようにする。	○消防と警察それぞれの地域の安全を守るための働きを比べ，共通する働きをまとめる。 ・相互連携で対処する体制 ・関係機関と地域の人々との協力で安全を守っていること ○二つの単元の学習を振り返り，地域の安全を守るための働きについて，さらに調べるべきことを見いだす。 地域の安全を守るために，自分たちにもできることはないだろうか。	□消防，警察でまとめたそれぞれの関係図 □ベン図「消防と警察の共通点と相違点」	発言の内容やノートの記述内容から「消防と警察のそれぞれの関係機関の働きを比較・分類したりして，関係機関の相互の関連を考えたり，関係機関に従事する人々の活動と地域の人々の生活を関連付けて，まちの安全を守る仕事に従事する人々に共通する働きを考えたりして表現しているか」を評価する。【思－②】 発言内容やノートの記述内容から「これまでの学習を振り返り，さらに調べるべきことを見いだし，見通しをもって追究しようとしているか」を評価する。【態－①】
8	地域の安全を守るために，自分たちができることを考えようとする態度を養う。	○地域の安全を守るために自分ができることを選択・判断し，伝え合う。 ・既習事項の整理 ○今までの学習を振り返り，地域の安全を守るために自分たちができることを考え，まとめる。 ・安全宣言の作成	□ノート「今までの学習の記録」 □安全宣言	発言内容やノートの記述内容から「連携・協力している関係機関の働きを比較・分類したり，関連付けたりして学習したことを基に地域や自分自身を守るためにできることを考えたり選択・判断したりして表現しているか」を評価する。【思－②】 安全宣言の記述内容から「学習したことを基に安全を守るためにできることを考えようとしているか」を評価する。【態－②】

2　観点別学習状況の評価の進め方

本事例では，以下の点に留意して観点別に学習状況の評価を進めた。

（1）「内容のまとまり」を意識して指導計画を立てるための工夫

この「内容のまとまり」は多くの学校で「火災」と「事故や事件」に関する二つの単元で構成される。その結果，二つの単元において同様の評価規準での評価が重複する現状が見られる。そこで本事例では，学習指導要領の「内容のまとまり」や内容の取扱いを踏まえ，二つの単元の学習を通して3観点の評価場面をバランスよく設けることや，単元1の学習を単元2で生かす場面を設定することを意識して指導と評価の計画を作成した。

他にも，第5学年の内容（2）の「我が国の農業や水産業における食料生産」や，内容（3）の「我が国の工業生産」，内容（4）の「我が国の産業と情報との関わりについて」などでも同じように長期的な視点で指導と評価の計画を立てることが可能であると考えられる。

【本単元の内容の示され方（小学校学習指導要領社会第3学年の内容より）】

> （3）　地域の安全を守る働きについて，学習の問題を追究・解決する活動を通して，次の事項を身に付けることができるよう指導する。
> 　ア　次のような知識及び技能を身に付けること。
> 　（ア）　消防署や警察署などの関係機関は，地域の安全を守るために，相互に連携して緊急時に対処する体制をとっていることや，関係機関が地域の人々と協力して火災や事故などの防止に努めていることを理解すること。
> 　（イ）　見学・調査したり地図などの資料で調べたりして，まとめること。
> 　イ　次のような思考力，判断力，表現力等を身に付けること。
> 　（ア）　施設・設備などの配置，緊急時への備えや対応などに着目して，関係機関や地域の人々の諸活動を捉え，相互の関連や従事する人々の働きを考え，表現すること。

この「内容のまとまり」は，内容の取扱いにおいて，「緊急時に対処する体制をとっていること」と「防止に努めていること」については，火災と事故はいずれも取り上げること，その際，どちらかに重点を置くなど効果的な指導を工夫することが示されている。ここでは，調べる段階では，「緊急時に対処する体制をとっていること」については消防に，「防止に努めていること」については警察に，それぞれ重点を置くこととした。

（2）児童の学習状況を的確に把握し，指導に生かす工夫

単元1での児童の姿を見取ることで，単元2では，児童の姿をより的確に把握することができる。例えば，本事例では，学習問題について，予想や学習計画を立てている学習状況を【態－①】の評価規準で評価している。単元1と単元2で，ほぼ同様の学習場面であるため，予想や学習計画が適切に立てられていない児童がいれば，単元1の学習を例に挙げて指導したり，友達の考えを参考にするよう助言したりすることができた。このように，「内容のまとまり」ごとに長期的な視点で指導計画を立てることで，児童の学習状況をより的確に把握し，指導に生かすことができた。

（3）各観点の評価の実際

ア「知識・技能」

【知－①】では，調べた社会的事象に関する知識や必要な情報を「集める」「読み取る」技能を見学カードやノートの記述内容を通して評価した。具体的には，施設の調査や資料から必要な情報を集め，読み取り，火事や事故，事件に対して地域の誰がどのようなことをして，防止や対処に努

めているかについて具体的に理解しているかを評価した。

【知－②】では，安全を守る関係機関相互の連携，地域との協力に関する知識や必要な情報を「まとめる」技能をノートの記述内容から評価した。具体的には，調べたことを図表や文などにまとめることを通して，安全を守る関係機関が相互に連携して緊急時に対処する体制を整えていること，関係機関が地域の人々と協力して，火災や事故などの防止に努めていることについて具体的に理解しているかを評価した。

イ「思考・判断・表現」

【思－①】では，【学習問題をつかむ】段階での「問いを見いだす場面」と【学習問題を追究する】段階での「学習問題を解決するために考える場面」において，ノートの記述や発言の内容から評価した。具体的には，「問いを見いだす場面」では，教科書のイラストやグラフを見たり，知っていることを話し合ったりして，施設・設備などの配置，緊急時への備えや対応などに着目して問いを見いだしているかを評価した。また，「学習問題を解決するために考える場面」では，学習問題と関連付けながら安全を守るための関係機関や地域の人々の諸活動について考えたことを見学カードやノートの記述内容から評価した。

【思－②】では，【まとめる】段階で，「問いを解決する場面」で従事する人々の働きについて考えたことをノートの記述内容から評価した。また，地域の安全のために自分たちができることを考えたことをノートの記述内容から評価した。具体的には，「問いを解決する場面」では，消防と警察などの関係機関の働きを比較・分類したり，関連付けたりして関係機関の相互の関連を考えたり，関係機関に従事する人々の活動と地域の人々の生活を関連付けて従事する人々の働きを考えたりして表現していたかを評価した。さらに，学習したことを基に地域や自分自身を守るためにできることを考えたり選択・判断したりして表現しているかを評価した。

ウ「主体的に学習に取り組む態度」

【態－①】では，単元1の【学習問題をつかむ】段階と，単元2の【学習問題をつかむ】段階，そして，二つの単元を学習して【まとめる】段階の「さらに調べるべきことを見いだす場面」で評価した。単元1の【学習問題をつかむ】段階では，今までの学習経験を振り返り，学習問題の解決のための見通しをもったり，学習問題に対して主体的に取り組もうとしたりする態度について，発言内容やノートの記述内容から評価した。単元2の【学習問題をつかむ】段階では，単元1の学習を振り返り，それを踏まえて学習問題について予想をもったり学習計画を立てたりする姿を評価した。また，二つの単元を学習して【まとめる】段階では，二つの単元の学習を振り返ったり見直したりして，「自分たちにできることはないだろうか」というさらに調べるべきことを見いだそうとする態度を評価した。

【態－②】では，よりよい安全な社会を考え，消防と警察の二つの単元で学習したことを社会生活に生かし，自分たちが地域の安全のためにできることなどを考えていこうとする態度について，安全宣言の記述内容から評価した。具体的には，単元2の終末に設定し，二つの単元を関連付けながら，法やきまりの大切さや地域の安全を守る諸活動を振り返り，地域の安全のために自分たちに何ができるかを考えようとしているかを評価した。

3 「主体的に学習に取り組む態度」の評価について

（1）本事例における主体的に学習に取り組む態度

「主体的に学習に取り組む態度」は，社会科では，「主体的に問題解決しようとする態度」と「よりよい社会を考え学習したことを社会生活に生かそうとする態度」の二つを評価する。

単元の評価規準の①が「主体的に問題解決しようとする態度」，②が「よりよい社会を考え学習したことを社会生活に生かそうとする態度」である。

① 主体的に問題解決しようとする態度について

「主体的に問題解決しようとする態度」は，学習問題について予想や学習計画を立て，学習を振り返ったり見直したりして学習問題を追究し，解決しようとしている態度を評価する。学習問題の解決に粘り強く取り組む側面や自らの学習を調整する側面を評価する。

② よりよい社会を考え学習したことを社会生活に生かそうとする態度について

「よりよい社会を考え学習したことを社会生活に生かそうとする態度」は，学習したことを基によりよい社会の実現のために自分たちができることを考えたり選択・判断したりしようとする態度を評価する。この態度は，学習指導要領の内容の取扱いにおいて，「自分たちにできることなどを考えたり選択・判断したりできるよう配慮すること」，「多角的に考え，○○の発展について，自分の考えをまとめることができるよう配慮すること」と示されている内容に関連する単元で評価規準を設定することが考えられる。

本事例の「主体的に学習に取り組む態度」については，「内容のまとまりごとの評価規準」と「単元の評価規準」において以下のように示されている。

（内容のまとまりごとの評価規準）　　　　　　　　（単元の評価規準）

主体的に学習に取り組む態度
地域の安全を守る働きについて主体的に問題解決しようとしたり，よりよい社会を考え学習したことを社会生活に生かそうとしたりしている。

主体的に学習に取り組む態度
①地域の安全を守る働きについて予想や学習計画を立て，学習を振り返ったり見直したりして，学習問題を追究し，解決しようとしている。 ②学習したことを基に地域の安全を守るために自分たちができることを考えようとしている。

（2）主体的に問題解決しようとする態度の評価場面例

【態−①】の評価規準の「予想や学習計画を立て」では，単元の導入段階で，学習問題に対する予想や解決までの学習計画を立てながら，学習問題を追究・解決しようとしている態度を評価する。

また，【態−①】の評価規準「学習を振り返ったり見直したりして」とは，児童が，問題解決に向けて，自己の学習状況を確認したり，さらに調べるべきことを考えようとしたりしている態度を評価する。

【態−①】の評価場面を本事例に即して，以下の３場面で説明する。

① 予想や学習計画を立てる。

単元導入時に，児童が学習問題をつかむ際，問題解決に向けて，予想を立てたり，解決までの見通しをもったりする場面の評価事例である。本事例では，活動の様子やノートの記述内容から，学習問題に対する予想や学習計画を立て，解決の見通しをもっているかを評価した。

単元導入時に予想や学習計画を立てる場面

【態－①】 単元1 「火災から人々の安全を守る」 2/7

《活動の様子やノートの記述内容から》

火事のとき，消防士さんが現場で消火活動をしているのだと思います。その他にも火事から地域を守るために，誰かが何かをしているかもしれないので，今から調べていきたい。教科書で調べたり，消防署の見学をしたりして調べ，火事から地域の安全を守っている人とその働きを明らかにしたいです。

【評価方法】
活動の様子やノートの記述内容から，「火災から地域の安全を守る働きについて，予想や学習計画を立て，解決の見通しをもっているか」を評価する。

【教師の評価と指導】
○学習問題に対する予想を立てている。
○学習問題の解決に向けて，見通しをもっている。
以上のことから「おおむね満足できる」状況(B)と判断した。
＊「努力を要する」状況(C)と判断される児童に対しては，今までの学習を振り返ったり，友達の考えを参考にしたりするよう指導した。

ポイント：学習問題に対する予想を立て，解決のための見通しをもっているかを見取る。

② 学習状況を確認し，さらに調べるべきことを考える。

児童が学習状況を確認し，さらに調べるべきことを考える場面の評価事例である。第1は，単元1の学習を振り返り，単元2の予想や学習計画を立てる場面である。ここでは，単元1の学習状況を確認し，その学習を生かして，単元2でさらに調べるべきことを考えようとしているかを評価した。

単元1の学習を振り返り，単元2の予想や学習計画を立てる場面

【態－①】 単元2 「事故や事件から人々の安全を守る」 1/8

《発言の内容やノートの記述内容から》

火災の時は，だれが，どこで，どのような働きをしているかという視点で，教科書や見学を通して調べて解決したよ。事故や事件も，地域の安全を守るための働きを同じ視点で見ていけばよいと思う。きっと，警察や地域の人など様々な人の働きがあると思う。また，教科書や見学を通して問いを解決していきたい。

【評価方法】
発言の内容やノートの記述内容から，「単元1で立てた追究の過程を振り返り，予想や学習計画を立て，解決の見通しをもっているか」を評価する。

【教師の評価と指導】
○「火事の時は…」や「同じ視点で…」などの記述から，前単元の学習状況を振り返っている。
○さらに調べるべきことを考え，学習問題の予想や学習計画を立てている。
以上のことから「おおむね満足できる」状況(B)と判断した。
＊「努力を要する」状況(C)と判断される児童には，前単元の学習を振り返ったり，友達の考えを参考にしたりするよう指導した。

ポイント：前単元の学習状況を振り返り，さらに調べるべきことを考え，新たな予想や，学習計画を立てているかを見取る。

第2は，単元2の終末でさらに調べるべきことを考える場面である。本事例では，消防と警察の働きを学習した上で，「自分たちは何ができるだろう」というさらに調べるべき課題を見いだそうとする姿を評価した。

単元2の終末でさらに調べるべきことを考える場面

【態－①】 単元2「事故や事件から人々の安全を守る」7/8

《発言の内容やノートの記述内容から》
今まで地域の安全を守るために誰が，どこで，何をしているかを調べてきた。地域の安全を守るために，多くの人が毎日，工夫や努力をしてくれている。自分たちは多くの人に守られているが，地域の安全をもっと守るためには，自分たちにもできることがあるのではないだろうか。次はその問題を解決したい。

【評価方法】
発言内容やノートの記述内容から「これまでの学習を振り返り，さらに調べるべきことを見いだし，見通しをもって追究しようとしているか」を評価する。

【教師の評価と指導】
○今までの二つの単元の学習状況を振り返っている。
○さらに調べるべき課題を見いだしている。
以上のことから「おおむね満足できる」状況(B)と判断した。
＊「努力を要する」状況(C)と判断される児童には，「この人たちの働きだけで安全は守られる？」と問い，自分たちができることを考えられるよう指導した。

ポイント：今までの学習状況を振り返り，さらに調べるべきことを明らかにしようとしている姿を見取る。

「学習を振り返ったり見直したりして」については，特定の型に沿った学習の進め方を一律に指導することを求めているものではないことや，知識・技能や思考・判断・表現の観点が十分満足できるものであれば，個々の学習の進め方を認め，そのまま学習を進められるようにすることに留意することが必要である。

（3）よりよい社会を考え学習したことを社会生活に生かそうとする態度の評価場面例

　【態－②】の「学習したことを基に地域や自分自身を事故や事件から守るために自分たちができることを考えようとしている」では，学習問題を解決する過程で得たことを根拠によりよい社会の実現に向けて考えようとする態度を評価する。

「よりよい社会を考え学習したことを社会生活に生かそうとする態度」

【態－②】 単元2「事故や事件から人々の安全を守る」8/8

《活動の様子やノートの記述内容から》
火事や事件，事故から地域の安全を守るために，多くの方が予防や対処に努めていた。地域の安全を守るために，私も地域の一員として，地域で開催されている避難訓練に積極的に参加したい。また，火事や事故を起こさないように，火の扱いに注意したり，交通ルールを守ったりしたい。

【評価方法】
安全宣言の記述内容から「学習したことを基に安全を守るためにできることを考えようとしているか」を評価する。

【教師の評価と指導】
○学習したことを基に考えている。
○地域の一員として自分ができることを考えている。
以上のことから「おおむね満足できる」状況(B)と判断した。
＊「努力を要する」状況(C)と判断される児童には，友達との対話を通して，気が付くように支援した。

ポイント：学習したことを基に，地域や社会において自分ができることを考えている姿を見取る。

よりよい社会を考え学習したことを社会生活に生かそうとする態度の評価は，すべての単元において指導と評価の計画に位置付けるのではなく，学習指導要領の「内容の取扱い」に「社会への関わり方を選択・判断する」，「多角的に考える」ことが示されている内容に関連する単元で設定することが考えられる。例えば，以下に示す単元では積極的に評価していくことが考えられる。その際にも，児童に拙速な社会参画を促すこと，学習したことを根拠にしない独りよがりな考えをもつことを求めるものではないことに留意することが大切である。

【態－②】を積極的に評価し，指導に生かす内容

学年		内容のまとまり	内容の取扱い
第3学年	(3)	「地域の安全を守る働き」	選択・判断
	(4)	「市の様子の移り変わり」	発展
第4学年	(2)	「人々の健康や生活環境を支える事業」	選択・判断
	(3)	「自然災害から人々を守る活動」	選択・判断
	(4)	「県内の伝統や文化，先人の働き」	選択・判断
第5学年	(2)	「我が国の農業や水産業における食料生産」	多角的
	(3)	「我が国の工業生産」	多角的
	(4)	「我が国の産業と情報との関わり」	多角的
	(5)	「我が国の国土の自然環境と国民生活との関連」	選択・判断
第6学年	(1)	「我が国の政治の働き」	多角的
	(3)	「グローバル化する世界と日本の役割」	多角的，選択・判断

（4）多様な評価方法で見取る

　本事例では，ノートの記述内容やレポート，授業中の発言，教師による行動観察や児童による自己評価や相互評価等の状況など，多様な評価方法をとることを心掛けた。また，主体的に学習に取り組む態度と知識及び技能の習得，思考・判断・表現のつながりを意識し，児童が学習問題や問いに対して主体的に関わっているかに重点を置いて評価した。他の観点の学習状況と照らし合わせながら，児童の問題解決への主体的な関わりを評価し，指導改善を図ることが重要であると考えたからである。

社会科　事例3

キーワード　「評価したことを指導に生かす」と「評価したことを記録に残す」

／「思考・判断・表現」の評価

単元名	内容のまとまり
米づくりのさかんな地域	第5学年　(2) 我が国の農業や水産業における食料生産

1　単元の目標

　　我が国の農業における食料生産について，生産の工程，人々の協力関係，技術の向上，輸送，価格や費用などに着目して，地図帳や各種の資料で調べ，まとめ，食料生産に関わる人々の働きを考え表現することを通して，食料生産に関わる人々は，生産性や品質を高めるよう努力したり輸送方法や販売方法を工夫したりして，良質な食料を消費地に届けるなど，食料生産を支えていることを理解できるようにするとともに，主体的に学習問題を追究・解決し，学習したことを基に，社会の一員として，これからの農業の発展について考えようとする態度を養う。

第3編
事例3

2　単元の評価規準

知識・技能	思考・判断・表現	主体的に学習に取り組む態度
①生産の工程，人々の協力関係，技術の向上，輸送，価格や費用などについて地図帳や各種の資料などで調べて，必要な情報を集め，読み取り，食料生産に関わる人々の工夫や努力を理解している。	①生産の工程，人々の協力関係，技術の向上，輸送，価格や費用などに着目して，問いを見いだし，食料生産に関わる人々の工夫や努力について考え表現している。	①我が国の農業における食料生産について，予想や学習計画を立て，学習を振り返ったり見直したりして，学習問題を追究し，解決しようとしている。
②調べたことを図や文などにまとめ，食料生産に関わる人々は，生産性や品質を高めるよう努力したり輸送方法や販売方法を工夫したりして，良質な食料を消費地に届けるなど，食料生産を支えていることを理解している。	②食料生産と国民生活を関連付けて，食料生産が国民生活に果たす役割や食料生産に関わる人々の働きを考えたり，学習したことを基に消費者や生産者の立場などから多角的に考えて，これからの農業の発展について自分の考えをまとめたりして，適切に表現している。	②学習したことを基に消費者や生産者の立場などから，これからの農業の発展について考えようとしている。

3　指導と評価の計画（全11時間）　　　　　　※網掛けは評価した結果を記録に残す場面

時間	ねらい	○主な学習活動　・内容	□資料	評価方法と【評価規準】
1	消費者が求める米が1年中購入できることについて話し合うことを通して学習問題をつくり，学習計画を立てることができるようにする。	○自分たちと生産地との関わりについて，疑問を出し合う。 ・どのように生産しているのか。 ・農家以外にも関わっている人がいるのか。 ・どのようにして届けられるのか。 わたしたちが食べる米はどのように生産され届けられているのだろうか。 ○予想を出し合い学習計画を立てる。	□文章資料「消費者が求める米」「米の収穫時期」 □写真「庄内平野の水田地帯」	発言内容から「生産方法や協力関係，輸送に着目して問いを見いだしているか」を評価する。　　　【思－①】 　ノートの記述や発言内容から「我が国の農業について予想や学習計画を立て，解決の見通しをもっているか」を評価する。　　　【態－①】
2	庄内平野の気候や地形を調べることを通して，米の生産地と自然条件との関わりを理解できるようにする。	○米づくりに関わる庄内平野の気候や地形を調べる。 ・寒暖差が大きいため，味のよい米が作りやすいこと ・平野が広がっており，広い水田にしやすいこと ・米づくりに必要な水が豊富	□鳥瞰図「庄内平野の地形」 □文章資料「庄内平野の気候」「米づくりに適した条件」	ノートや学習カードへの記述から「庄内平野の気候や地形を調べて，米の生産地としての利点を理解しているか」を評価する。 　　　【知－①】
3	農家の生産工程を調べることを通して，品質を高める工夫や努力を行っていることを理解できるようにする。	○米づくりの工程と配慮していることを調べる。 ・作業内容，工程 ・雑草取りや水の管理 ・適切な量の農薬使用	□表「米づくりの1年」 □文章資料「作業工程と目的」「化学肥料や農薬」「農家の話」	ノートや学習カードの記述から「生産工程にみられる作業を調べて，農家が品質を高める工夫や努力を行っていることを理解しているか」を評価する。 　　　【知－①】
4	圃場整備や農業機械を調べることを通して，技術の向上によって効率よく生産ができるようになったことを理解できるようにする。	○圃場整備や農業機械の導入による変化を調べる。 ・圃場整備による水の管理 ・農業機械 ・作業時間の大幅短縮	□写真「圃場整備」 □文章資料「水の管理や農業機械」 □グラフ「労働時間の変化」	ノートや学習カードの記述から「圃場整備の様子や農業機械の導入を調べて，農作業が効率よく生産できるようになったことを理解しているか」を評価する。 　　　【知－①】
5	品種改良について調べることを通して，消費者と生産者のニーズを意識して開発が行われていることを考え表現できるようにする。	○品種改良に対する苦心や改善しようとしている課題を調べる。 ・何代も掛け合わせていること ・病気になりにくく倒れにくい品種	□図「新品種ができるまで」 □文章資料「農業試験場の働き」「生産者の思い」	ノートの記述や発言内容から「品種改良された米の特徴や試験場の人々の取り組みを根拠に，生産者や消費者にとっての品種改良の利点を考えているか」を評価する。　【思－①】
6	農業協同組合や共同経営を調べることを通して，農家を支える仕組みがあることを理解できるようにする。	○農業協同組合や共同経営を調べる。 ・農業協同組合の働き ・共同経営による労働力不足や資金不足への対策	□文章資料「農業協同組合の働き」「共同経営」	ノートや学習カードの記述から「農業協同組合や共同経営を調べて，農家を支える仕組みがつくられていることを理解しているか」を評価する。 　　　【知－①】

第3編
事例3

時	ねらい	学習活動	資料	評価
7	生産地から消費地への輸送を調べることを通して，価格にそれぞれの費用が計上されていることを理解できるようにする。	○生産地から消費地に運ばれるまでの過程と輸送手段，掛かる費用を調べる。 ・米が届くまで ・生産農家から直接購入 ・苗や肥料などの費用 ・輸送費 ・小売店などの利益	□地図「生産地から消費地までの過程」 □文章資料「カントリーエレベーター」 □写真「価格が違う米」	ノートや学習カードの記述から「生産から消費地に運ばれるまでの過程を調べて，価格が決まる経緯を理解しているか」を評価する。 【知－①】
8・9	調べたことを図にまとめ，学習問題について話し合うことを通して，農業が農家の工夫や努力，技術の向上，農家への支援の仕組みによって行われていることを理解できるようにする。	○学習したことを基に，消費者，農家の工夫や努力，技術の向上，農家への支援の仕組み，価格や費用との関連を話し合う。 ・農業試験場の働き ○図に整理し，学習問題について話し合い，考えをまとめる。 ・農家による工夫や努力 ・農業協同組合，研究施設などの働き ・価格や費用	□これまでに活用してきた資料 □ノート	関連図の内容から「学習したことを基に，農業の仕組み，工夫や努力について考えたことを説明しているか」を評価する。　【思－②】 ノートやワークシートの記述から「図にまとめ，食料生産に関わる人々は，生産性や品質を高めるよう努力したり輸送方法や販売方法を工夫したりして，良質な食料を消費地に届けるなど，食料生産を支えていることを理解しているか」を評価する。 【知－②】
10	米づくりに関わる新たな取組を調べることを通して，日本の農業の課題を考えようとする態度を養う。	○学習問題についてまとめたことを振り返る。 ・農家を支える仕組み ・生産の苦労 ○新たな取組を調べる。 ・ICT活用による生産 ・農業法人の設立 ・ブランド化による他地域との差別化 ○新たな取組と農業の現状とを関連付けて，課題を見いだす。 ・働き手の減少 ・米の消費量と生産量の減少	□動画「スマート農業や農業法人，ブランド化の取組」 □グラフ「少子高齢化」「米の消費量・生産量の減少」	ノートや発言内容から「これまでの学習を振り返り，さらに調べるべきことを考え学習の見通しをもっているか」を評価する。　【態－①】
11	これまでの学習を基に，農業の現状を改善するために大切なことについて話し合うことを通して，日本の農業の発展を考え表現できるようにする。	○日本の農業がよくなるために，大切なことは何かを話し合う。 ・効率化や労働力の確保，収入の確保などの努力 ・生産者と消費者のつながり ○これからの農業の発展について自分の考えを書く。 ・人々の協力関係の充実 ・消費者が農業に関心をもつこと	□これまでに活用してきた資料 □ノート □写真・グラフ「耕作放棄地」	ノートの記述から「日本の農業の現状を改善することについて，学習したことを基に，消費者や生産者などの立場から多角的に考え表現しているか」を評価する。 【思－②】 ノートの記述から「これからの農業の発展について考えをまとめているか」を評価する。【態－②】

学習過程【学習問題をつかむ】1時【学習問題を追究する】2・3・4・5・6・7時【まとめる】8・9・10・11時

第3編 事例3

4 観点別学習状況の評価の進め方

本事例では，以下の点に留意して観点別に学習状況の評価を進めた。

（1）各観点の評価の実際

それぞれの観点については，以下の点に留意して評価を進めた。

ア「知識・技能」

【知－①】では，社会的事象に関する情報を集め，読み取り，理解したことをノートや学習カードの記述から評価した。具体的には，児童が「消費者が求める米」「稲作農家の生産工程」「耕地整理と農業機械の導入」「農業試験場による品種改良」「農業協同組合や集落営農」「生産地から消費地への輸送」などに関する情報を資料から集め，読み取り，それらを取捨選択し，文章で記述したものから評価した。これらについては「事実の羅列になっていないか」「取り組みの意図や目的を捉えているか」という視点で記述を考察するよう心掛け，必要に応じて助言をした。

【知－②】では，社会的事象について調べたことを整理する技能や，米づくりに関わる社会の仕組み，従事している人の工夫や努力について理解したことを，関連図への整理の仕方や学習問題についてまとめた記述から評価した。具体的には，「各時間に調べた社会的事象についての整理や分類」や「米づくりに関する社会の仕組みや人々の工夫や努力についての記述」などから評価した。

イ「思考・判断・表現」

【思－①】では，問いを見いだし，考え表現したことについて，発言内容やノートの記述から評価した。「問いを見いだし」については，資料の比較から考えた疑問を発表する姿やノートの記述内容から評価した。また，「考え表現したこと」については，考えと根拠の結びつきについて，発言やノートの記述内容から評価した。

【思－②】では，学習内容を関連付けて人々の働きを考えていることについては関連図から，学習したことを基に多角的に考え社会の発展についての自分の考えをまとめていることについてはノートの記述内容から，それぞれ評価した。具体的には「関連付けて人々の働きを考える」ことについては，それまでに調べたことの相互の関連を図に表現したものから，評価した。「多角的に考え社会の発展について自分の考えをまとめている」ことについては，学習したことを基に「これからの農業の発展について大切なこと」を消費者と生産者の立場から考えたことをまとめたノートの記述内容から評価した。

ウ「主体的に学習に取り組む態度」

【態－①】では，学習問題について予想を記述したり発言したりしている姿や，学習計画を立てている姿を観察し評価した。また「学習を振り返ったり見直したりする」ことについては，農業生産に関わる社会の仕組みについての理解を踏まえながら，新たな取組が進められている背景について発言する姿やノートの記述内容から評価した。

【態－②】では，学習したことを基に，これからの農業の発展を考えようとする態度を，「米づくりの発展のために大切なこと」について記述した内容から評価した。具体的には，社会の課題や社会の仕組みのよさや可能性に着目して「これから大切なこと」について文章で表現した内容から評価した。

（2）「思考・判断・表現」の評価について

① 評価したことを学級全体の学習問題づくりの指導に生かした

▲　第1時の板書

第1時の【思－①】では，発言内容から「生産方法や協力関係，輸送に着目して問いを見いだしているか」を評価した。見いだした問いを基に問題意識を高め，「消費者が求める米が一年中，生産地から届けられている」という事実について疑問を発表さ

せたところ，「消費者の願いにどうやって応えるのか」「1年中食べられるのはなぜか」「どのくらいの人数で作業するのか」などの発言があった。これらを分類・整理して板書し，問題意識の傾向を捉えられるようにして，学習問題をつくった。

② 評価したことをその時間の指導に生かした

第5時の【思－①】では，ノートの記述や発言内容から，「品種改良された米の特徴や試験場の人々の取組を根拠に，生産者や消費者にとっての品種改良の利点を考えられているか」を評価した。

本時の中心となる問いは「農業試験場では，なぜ新たな品種を開発しているのだろうか」である。この問いに基づいて資料から情報を集め，読み取り，農業試験場の人々が品種改良に取り組むことの意味を消費者や生産者の立場から考える学習を行った。

▲　「根拠」と「考え」の結びつきを見るためのノート

思考している姿については「考え」と「根拠」がどのように結びついているかを見取ることが必要である。そこで，左のように図化をしてノートに考えを記述するようにした。吹き出しのような部分に資料からの用語や語句などの情報を根拠として書かせ，上段に考

えを書くようにした。このように思考過程を見取り，適切な指導に生かすよう心掛けた。

児童の中には，「新たな品種を開発しているのは，寒さに強い米などを作っているから（D児）」「新たな品種を開発しているのは，消費者が求める米をつくり，食べてもらえるようにするため（E児）」とノートに記述している児童がいた。教師はD児のように「事実を羅列しており，工夫や努力に目を向けられていない」と評価した児童に対しては，「味のよさは誰のためになりますか」など，品種改良は「誰のための取組なのか」を意識できるように助言をした。また，E児のように「品種改良の目的を一面的に考えてしまっている」と評価した児童に対しては，「消費者の願いとどうつながりますか」「生産者にとってのよさはどんなことですか」など，「消費者や生産者の願いを意識」させて，農業試験場が行う品種改良の意味に着目できるようにした。

③ 評価したことをその後の指導に生かした

生産者の工夫や努力を消費者と関連付けながら考えようとする児童が多いものの，D児やE児のように一部の事実にのみに着目してしまう児童も数名いる。そこで，第5時における指導に生かす評価の結果を受け，第8時に関連図を作成する際には，関連が分かりやすいものから取り上げ（例：農家－農業試験場，消費者が求める米—農業試験場）図のかき方を助言するようにした。

第5時の指導と評価

●児童のノートの記述や発言内容を見取り，取組の意味を考えられるようにした評価場面

【本時のねらい】
　品種改良について調べることを通して，消費者と生産者のニーズを意識して開発が行われていることを考え表現できるようにする。

○学習活動　　・児童の反応	□資料	◇留意点　☆評価
○前時の学習内容を振り返り，本時の学習計画を確認する。 ・前回は耕地整理や農業機械を調べた。 ・今日は品種改良を調べる。 ○品種改良の系図を調べる。 ・新たな品種が次々に開発されている。 農業試験場では，なぜ新たな品種を開発しているのだろうか。	□前時のノート □イラスト「品種改良の系図」	◇前時のノートをもとに，学習内容と本時の内容とを全員で確認できるようにする。 ◇評判のよい「コシヒカリ」から後も開発がされていることを確認する。
○新たな品種を開発している理由を予想する。 ・コシヒカリに負けない米にしたいのではないか。 ・さらにおいしい米を目指しているのではないか。 ○資料をもとに，品種改良の方法や開発された米の特徴を調べ発表する。 ・コシヒカリは味や形がよい。 ・ササニシキは味が良かったが冷害に弱かった。 ・品種によっては倒れにくく寒さにも強い。 ・病気に強い米は農薬を減らすことができる。 ○調べたことをもとに農家の工夫や努力をノートに書き，話し合う。 ・新たな品種を開発しているのは，おいしさや安全性など消費者の求める米にすることと，寒さに強い米にするため。なぜなら，開発された米にそのような特徴があるから。 ・新たな品種を開発しているのは，味など消費者が求める米にすることだけでなく，病気に強いなど生産者も作りやすい米にするため。なぜなら，米の特徴がそうなっているし，育てやすいことで農家の負担が減るから。 指導②工夫や努力に目を向けるための全体への発問 ※消費者や生産者の願いを意識するように促す。 ・消費者の願いとどうつながりますか。 ・生産者にとってのよさはどんなことですか。	□文章資料「品種改良の方法」「開発された米の特徴」「農業試験場の人の話」 指導①調べたことの羅列を書いている児童への助言 ※誰のための取組なのかを意識するように促す。 ・味のよさは誰のためになりますか。 ・冷害に強い米を喜ぶのは誰ですか。	◇評判のよい米が開発された後も続けられていることを基に予想するよう促す。 ◇品種改良を行うことで，どのようなよさがあるのかに着目して調べるように促す。 ☆ノートの記述や発言内容から，「品種改良された米の特徴や試験場の人々の取組を根拠に，生産者や消費者にとっての品種改良の利点を考えているか」を評価する。 【思－①】
○本時のまとめを学習カードに記入する。 ・農業試験場で新たな品種を開発しているのは，消費者が求める米にすることと，生産者が育てやすい米にするためである。		◇話合いの中で出された意見のうち，農家の工夫や努力とつながっているものを考え書くように促す。

第3編
事例3

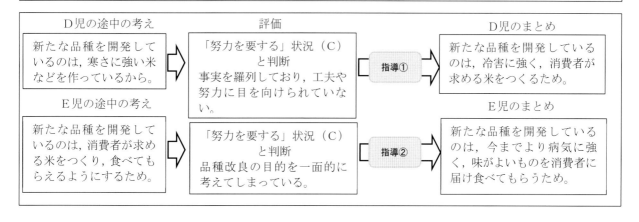

D児の途中の考え	評価		D児のまとめ
新たな品種を開発しているのは，寒さに強い米などを作っているから。	「努力を要する」状況（C）と判断 事実を羅列しており，工夫や努力に目を向けられていない。	指導①	新たな品種を開発しているのは，冷害に強く，消費者が求める米をつくるため。

E児の途中の考え	評価		E児のまとめ
新たな品種を開発しているのは，消費者が求める米をつくり，食べてもらえるようにするため。	「努力を要する」状況（C）と判断 品種改良の目的を一面的に考えてしまっている。	指導②	新たな品種を開発しているのは，今までより病気に強く，味がよいものを消費者に届け食べてもらうため。

④【まとめる】段階で，関連図の内容について評価したことを記録に残す

第8時の【思－②】では関連図を作成するようにし，その記述内容から「学習したことを基に，農業の仕組み，工夫や努力について考えたことを説明しているか」を評価した。

関連図にはそれまで調べたことの相互の関連が表現される。具体的には児童は「稲作農家の生産工程」「耕地整理と農業機械の導入」「農業試験場による品種改良」「農業協同組合や集落営農」「生産地から消費地への輸送」についての相互の関連を考え図に表現している。この関連図を評価資料として活用し記録に残した。(図の☆は「おおむね満足できる」状況（B），★は「十分満足できる」状況（A）に関わる教師の分析である。)

また，相互の関連を考えることにつまずいている児童に対しては「どれとどれが関連するかな」「関連すると考えたのはどうしてかな」などと助言をし，図に表現できるようにした。

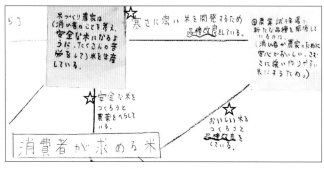

▲ 第8時で関連を話し合い表現した図（F児）

○評価の観点：「思考・判断・表現」
○評価規準：学習したことを基に，農業の仕組み，工夫や努力について考えたことを説明している。
○教師の分析：☆農業に見られる仕組み，工夫や努力について，学習したことを基に役割や働きを考え記述している。
　以上のことから，☆について書いているので「おおむね満足できる」状況（B）と判断した。

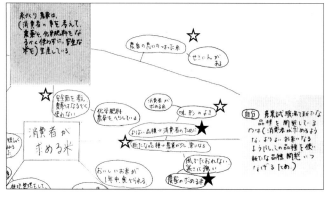

▲ 第8時で関連を話し合い表現した図（G児）

○評価の観点：「思考・判断・表現」
○評価規準：学習したことを基に，農業の仕組み，工夫や努力について考えたことを説明している。
○教師の分析：☆農業に見られる仕組み，工夫や努力について，学習したことを基に役割や働きを考えていることに加え，★国民生活の向上や，携わる人の思いや願いも考え記述している。
　以上のことから，☆について書いているので「おおむね満足できる」状況（B）と判断した。その上で，★についても書いているので，「十分満足できる」状況（A）と判断した。

第9時では「関連図を基に学習問題についての考えを書いた文章」について「知識・技能」（【知－②】）で評価した。例えばH児については以下のように評価した。

　消費者が求める米は，農家が消費者のために，生産してカントリーエレベーターで保存し一年中食べられるようにするけれど，負担もあるから，農業協同組合や農業試験場とかが関わって農家が作りやすくしたり消費者が喜ぶ米にしたりして，みんなで協力して届けている。

教師の分析：「消費者が求める米と『稲作農家の生産工程』『耕地整理と農業機械の導入』『農業試験場による品種改良』などの意図や目的を文章で書いている。それぞれの取組を総合し，『協力』という言葉で稲作農業に関する社会の仕組みを文章で書いている」と分析し，「おおむね満足できる」状況（B）と判断した。

⑤【まとめる】段階で，社会の発展について記述したものについて評価したことを記録に残す

　第10・11時に【まとめる】段階として，社会の課題を捉え，社会の発展を考える学習を行った。第11時の【思－②】では「米づくりが続いていくために大切なこと」について自分の考えを表現させる場面を設定し，その記述内容から「日本の農業の現状を改善することについて，学習したことを基に，生産者や消費者の立場などから多角的に考え説明しているか」を評価した。

　この場面で考え表現した文章には，学習を通して理解してきた「米づくりに関わる社会の仕組みのよさ」や「米づくりが抱える社会の課題」を基にした児童なりの改善に向けた考えが表現される。そこで，「米づくりが続いていくために大切なこと」の記述内容を評価資料として活用し記録に残した。（記述中のⅰ・ⅱは「おおむね満足できる」状況（B），ⅲは「十分満足できる」状況（A）に関わる教師の分析である。）

　ⅰ農業での少子高齢化や後継者不足，消費者の食事の洋風化によって米の生産量や消費量が減っていて，米が日本で作られなくなるのではないかと心配されています。ⅱ人手不足を解消するためのスマート農業が進んでいます。機械を家からスマホで操作できるので高齢者も一人で農業ができるので農業する人が将来増えればいいなと思います。（中略）またたくさんの農家が協力して農業をする集落営農数も年々増えています。ⅱ団体で農業すると機械が買えるなど大規模な農業ができます。私は一人で農業ができるスマート農業が進んでいる反面団体で農業する集落営農数が増えていることに驚きました。ⅱ人手不足などの課題を乗り越えて農業が楽にできるようになるので農業する人が増えてくれたらいいなと思います。

▲　第11時にⅠ児が書いた文章

○評価の観点：「思考・判断・表現」
○評価規準：日本の農業の現状を改善することについて，学習したことを基に，生産者や消費者の立場などから多角的に考え説明している。
○教師の分析：日本の米づくりに関わる社会の仕組みとそこに見られる社会の課題を捉えた上で，
ⅰ米づくりが抱える課題の影響を見いだしている。
ⅱ新たな取組を進める人々の取組が社会の課題のどのような点を改善するのかを考えている。
　以上のことから，ⅰ・ⅱについて書いているので「おおむね満足できる」状況（B）と判断した。

　わたしはⅰ消費者に買ってもらえるために工夫をすればするほど農家に負担がかかり，ただでさえ後継者がいなくて高齢化になってきていて，やめてしまう人が増えると思います。そうすると課題がさらに深刻になっていきます。そうならないためにも（中略）ⅱスマート農業を使うことができると思います。負担が少なくなるし熟練者の技術を分析しているので農業をやってみたくなる人も増えるのではないかと思いました。ⅱ反面そのような機械などはとても高額です。だから費用の貸し出しなどの取り組みも大切だと思います。（中略）また消費者にも出来ることはあるのではないかと思いました。例えば，ⅲ米をすすんで食べることで農家の収入を増やすことができると思います。ⅲ農業で関わっている人だけでなく私たちも農業の課題について真剣に考えて，自分ができることを少しずつやれたらいいなと思いました。

▲　第11時にJ児が書いた文章

○評価の観点：「思考・判断・表現」
○評価規準：日本の農業の現状を改善することについて，学習したことを基に，生産者や消費者の立場などから多角的に考え説明している。
○教師の分析：日本の米づくりに関わる社会の仕組みとそこに見られる社会の課題を捉えた上で，
ⅰ米づくりが抱える課題の影響を見いだしている。
ⅱ新たな取組を進める人々の取組が社会の課題のどのような点を改善するのかを考えている。
ⅲ米づくりへの関わり方とその効果を多角的に考えている。
　以上のことから，ⅰ・ⅱについて書いているので「おおむね満足できる」状況（B）と判断した。その上で，ⅲについても書いているので，「十分満足できる」状況（A）と判断した。

<table>
<tr><td>

単元名

「天皇中心の国づくり」「今に伝わる室町文化」「日本国憲法の役割と我が国の政治の働き」「わたしたちの暮らしを支える政治」「世界の人々とともに生きる」「日本とつながりの深い国々」
</td><td>

内容のまとまり

第6学年内容

⑴「我が国の政治の働き」

⑵「我が国の歴史上の主な事象」

⑶「グローバル化する世界と日本の役割」
</td></tr>
</table>

　本事例では，第6学年における指導と多様な評価方法を紹介する。学習内容の特性に応じて，指導のねらいが児童の学習状況として実現されているかを見取るための適切な評価方法を講じていけるようにすることが大切である。

1　資料から読み取ったことをまとめる活動を通して【知－①】を評価した例

> 評価方法の工夫：単元「天皇中心の国づくり」の第5時（全7時）において，大仏建立に関わる資料から読み取ったことをもとにまとめたノートの記述内容から【知－①】で評価した。記述内容から，知識と技能を関連付けて評価した。

①　評価規準：資料から必要な情報を読み取り，聖武天皇の力が全国に及んでいたことを理解している。【知‐①】

②　発問：「どうしてこのように大きな大仏をつくることができたのだろう。」

③　評価資料：（ノート）

第3編
事例4

「おおむね満足できる」状況（B）と評価した例

どうしてこのように大きな大仏をつくることができたのだろう。

表（資料）：
大仏と大仏殿の建立に携わった延べ人数

資料から読み取れること

S児

地図（資料）：
大仏の材料の産出地

資料から読み取れること

危険で大変な仕事もあったのに，のべ約260万人というたくさんの人々の協力を得られている。この人数は，当時の日本の人口の3分の1ほどにもなる。

大仏づくりに使われた金属もとても多かった。材料が九州の島や東北地方からも集められている。って運ぶのも人の手によってだったのだろうと思う。

T：どうしてこのように大きな大仏をつくることができたのだろう。「聖武天皇」という言葉を使って，ノートにまとめてみましょう。

授業前は，前の時間学習したように，行基の協力を得たことや，大陸から技術を得たことが理由だと考えていました。今日みんなと話し合って，当時聖武天皇の力が日本全国に及んでいて，全国から人の力と材料が集まってきたからだと気づくことができました。また，それは，聖武天皇の命令が国の人々に伝わっていく世の中になっていたからだとも思います。

※資料の読み取りのみに記述が留まっている児童には，「つまり…」と声をかけるなど総合して考えられるような支援をしたり，次時に提示する資料を工夫したりするようにした。

　S児は，二つの資料を適切に読み取り，天皇の力が全国に及んでいたことや，天皇を中心とした世の中が確立されていったことについて理解していると判断できる記述が見られるため「おおむね満足できる」状況（B）と判断した。

2 関係図とその説明文から【知 - ②】を評価した例

> **評価方法の工夫**：単元「日本国憲法の役割と我が国の政治の働き」の第9時（全10時）において，学んだことを生かしながらまとめた関係図を【知－②】で評価した。ここでは，関係図と説明文をセットにして評価した。

① 評価規準：<u>関係図や文に整理してまとめ，立法・行政・司法の三権がそれぞれの役割を果たしていることを理解している。</u>【知－②】

② 発問：「国会・内閣・裁判所の役割について，これまでの学習したことを図と文章でまとめましょう。」

③ 評価資料：（関係図）

「おおむね満足できる」状況（B）と評価した例

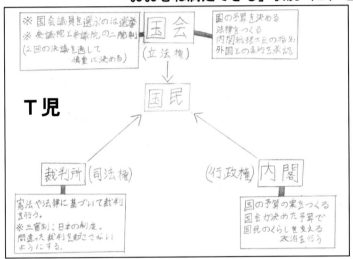

《T児による図の説明文》
「国会は法律をつくり，内閣がそれをもとに政治を行い国民の生活を支えています。また，裁判所は法治国家の要となっています。だからそれぞれが国民の生活に関わっていると言えます。日本国憲法の三大原則の中に「国民主権」があるから，このように国民と三権とのつながりがあるような仕組みになっています。」

「十分満足できる」状況（A）と評価した例

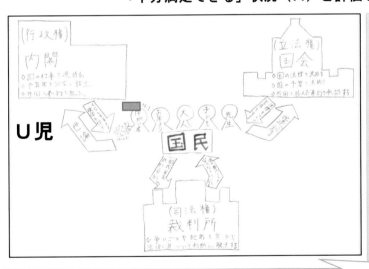

《U児による図の説明文》
「三権にはこのようにそれぞれ役割があり，国民生活を支えてくれています。さらに<u>私たちは，支えてもらうだけでなくそれぞれに対する役割もあります</u>。国民が裁判員制度に参加する義務や，世論を伝えたり選挙に参加したりすること。つまり国民からも三権それぞれを支えていくという意識をもつことが国民主権の日本において大切です。」

> T児は，学んだことを生かしながら，立法・行政・司法の三権のそれぞれの役割について適切にまとめていると判断できるため「おおむね満足できる」状況（B）と判断した。U児は，さらに，国民からも参加する必要があることをまとめ，説明文には三権と国民の相互の関係を捉えていると判断できる記述が見られる。学んだことを生かしながら，国民を様々な視点から捉えている記述も見られるため「十分満足できる」状況（A）と判断した。

3 学習問題をつかむ段階において，ノートへの記述内容や発言内容から【思－①】を評価した例

> 評価方法の工夫：単元「わたしたちの暮らしを支える政治」の第1時（全8時）において，問いを見いだすための資料の選定を大切にし「疑問に思ったこと」や「みんなで調べてみたいこと」について考え表現したノートの記述内容や発言内容を【思－①】で評価した。

① 評価規準：市の予算の使い道や高齢者福祉にかかる予算の推移，人口の変化の様子などに着目して，問いを見いだし，考え表現している。【思－①】

② 発問：「これからの国民の生活には，どんな課題があるのだろう。」

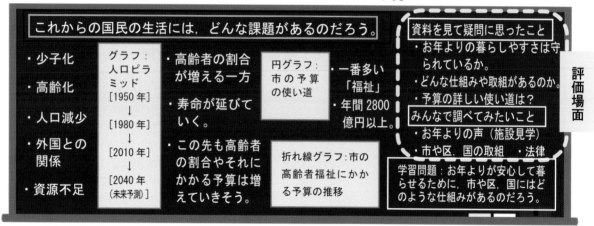

③ 評価資料：（ノート）

第3編
事例4

「おおむね満足できる」状況（B）と評価した例

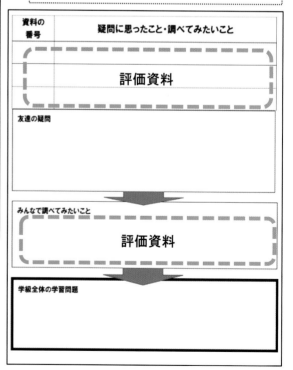

V児は，人口の変化の様子をもとに，市や区や国の対策についての問いを見いだしている。また，「予算がこのペースで増えていったら，お年寄りの暮らしやすさが守られなくなってしまうのではないかな」と予算に着目した発言も見られたため，「おおむね満足できる」状況（B）と判断した。

※本事例では，ノート記述による評価を行ったが，下図のようなワークシートを活用することも考えられる。

4 討論の学習において，ワークシートの記述内容や発言内容から【思－②】を評価した例

> 評価方法の工夫：単元「世界の人々とともに生きる」の第7時（全8時）において，我が国の行う資金援助の必要性について賛成や反対の立場から話し合い，自分の考えをまとめるワークシートの記述内容を【思－②】で評価した。ワークシートには対立軸を描き，話合いを通した考えの広がりや深まりを見取った。

① 評価規準：学習したことを基に，今後，国際社会において我が国が果たすべき役割などを多角的に考え，適切に表現している。【思－②】

② 発問：「日本は発展途上国への資金援助をこれからも積極的に行っていくべきか。」

> ※前時に「日本のODAの推移のグラフ」や「日本のGDPが伸び悩んでいることが分かるグラフ」を提示している。

③ 評価資料：（ワークシート）　　　　　　　　「十分満足できる」状況（A）と評価した例

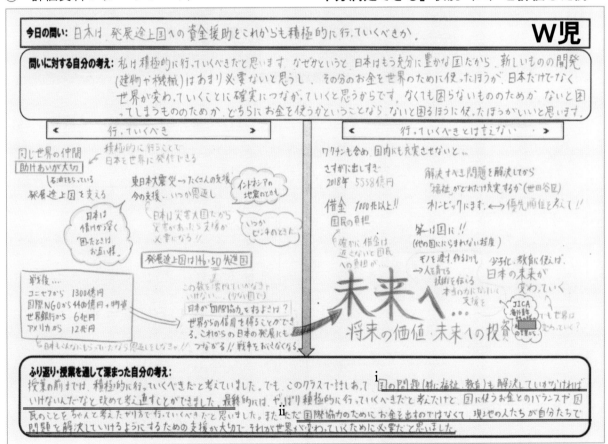

> 話合いや資料を通して，今後，国際社会における我が国の果たすべき役割などについて適切にまとめられた児童を「おおむね満足できる」状況（B）とした。W児は，ⅰ「国内の課題」にも目を向けて考えるようになったり，ⅱ過去の日本が援助を受けていた事実と現在の日本の姿を基に国際協力が未来につながっていくことに気付いたりと，国際協力のよさについて考えをまとめている。さらに，振り返りでは，今後，国際協力を行う上で大切なことについて捉えていると判断できる記述も見られるため「十分満足できる」状況（A）と判断した。

第3編
事例4

- 73 -

5 学習計画を立てる場面において，ノートの記述内容から【態−①】を評価した例

評価方法の工夫：単元「日本とつながりの深い国々」の第1時（全8時）において，学習計画を立てる場面で，解決の見通しをもとうとする姿について，ノートの記述内容から【態−①】で評価した。ここでは，ノートへの記述内容について，「生活の様子」に着目して見通しをもっているかを見取った。

① 評価規準：日本とつながりの深い国の人々の生活の様子について調べていくための学習計画を立て，解決の見通しをもっている。【態−①】

② 発問：「学習問題について，どんなことを調べれば，解決していけると思いますか。」

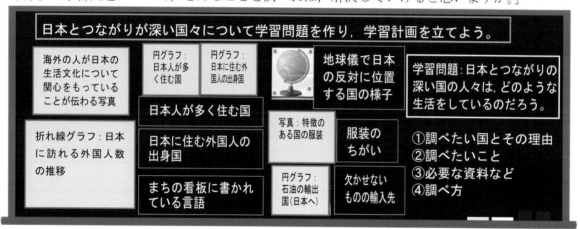

③ 評価資料：（ノート）

「おおむね満足できる」状況（B）と評価した例

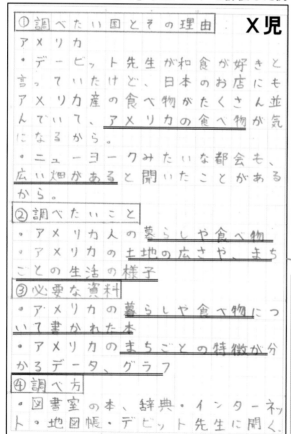

「努力を要する」状況（C）と評価した例

Y児

① 調べたい国とその理由
中国
・日本にどうしてこんなに住んでいるのか不思議だから。
② 調べたいこと
・日本のどんなところが好きなのか。
・日本のどこに住んでいるのか。
③ 必要な資料
・日本に住んでいる外国人の声が分かる資料
④ 調べ方
・知り合いに聞いてみる。
・インターネットで調べる。

　X児は，外国の生活の様子について調べたいことと必要な資料や調べ方が関連付いており，見通しを明確にもっていると判断できるため「おおむね満足できる」状況（B）と判断した。

　Y児に対しては，学習問題と調べたいことや資料等の関連が不明確であり，外国の生活の様子について調べる見通しがもてていないと判断した。生活習慣や暮らし（食べ物や衣服など）に関心がもてるよう助言したり，日本との関係についても大まかに把握させて調べていく見通しをもたせたりするようにした。

6　歴史単元において，ワークシートへの記述内容から【態－②】を評価した例

> 評価方法の工夫：単元「今に伝わる室町文化」の第5時（全5時）において，現在も能の教室を
> 開き継承している人の話を聞いて，考えをまとめたワークシートの記述内容を【態－②】で評価
> した。

①　評価規準：学習したことを基に，我が国の伝統や文化を受け継ぐことの大切さを考えようとし
　　　　　　　ている。【態－②】

②　発問：「Aさんの話を聞いて，あなたの考えを書きましょう。」

③　評価資料：（ワークシート）　　　　　　　　　　　　**「十分満足できる」状況（A）と評価した例**

室町時代から受け継がれてきている文化について　　Z児

A,能や狂言　　B,茶の湯　　C,生け花

地域で能を教えているAさん

室町時代から受け継がれてきた文化を次の世代につなごうと努めています。
でも、最近、教室に来るのはお年寄りの方々ばかりで、若者が少なくなってきています。
このままでは…

Aさんの話を聞いて…、あなたの考えを書きましょう。

室町文化は今外国からも注目されている「和」のもとになっている
ような大切な文化だと分かりました。約600年間も変わらずにある
ということは、きっと何千何万という人たちが一生懸命バトンを受け
継いで今につながっているのだと思います。だから、現代を生きる自
分たちも、次の世代に受け継いでいかなくちゃいけないと思います。

> 　ここでは，ワークシートの記述内容から，次のように判断した。
> Z児は，「Aさんの話を受けて，自分たちが受け継ぐ責任を感じている」と見取ることができるの
> で，「おおむね満足できる状況」（B）と判断できる。それに加えて，さらに「能や茶の湯の歴史的
> な価値に着目して，日本の大切な文化として受け継がなくてはならないことについて触れている」
> と見取ることができるので，「十分満足できる状況」（A）と判断した。

> ※歴史単元における文化の学習では，「よりよい社会を考え，学習したことを社会生活に生かそうとし
> 　ているか」を見取ることが可能である。また，その評価場面については，歴史単元の最後に「歴史学
> 　習をふり返って…『印象に残った人物や歴史上の出来事からどのようなことを学びましたか』『これ
> 　からの日本はどんな国になっていってほしいと思いますか』」などの問いを設けて行うことも考えら
> 　れる。

第3編
事例4

巻末資料

小学校社会科における「内容のまとまりごとの評価規準（例）」

Ⅰ 第3学年

1 第3学年の目標と評価の観点及びその趣旨

社会的事象の見方・考え方を働かせ，学習の問題を追究・解決する活動を通して，次のとおり資質・能力を育成することを目指す。

	（1）	（2）	（3）
目標	身近な地域や市区町村の地理的環境，地域の安全を守るための諸活動や地域の産業と消費生活の様子，地域の様子の移り変わりについて，人々の生活との関連を踏まえて理解するとともに，調査活動，地図帳や各種の具体的資料を通して，必要な情報を調べまとめる技能を身に付けるようにする。	社会的事象の特色や相互の関連，意味を考える力，社会に見られる課題を把握して，その解決に向けて社会への関わり方を選択・判断する力，考えたことや選択・判断したことを表現する力を養う。	社会的事象について，主体的に学習の問題を解決しようとする態度や，よりよい社会を考え学習したことを社会生活に生かそうとする態度を養うとともに，思考や理解を通して，地域社会に対する誇りと愛情，地域社会の一員としての自覚を養う。

（小学校学習指導要領 P. 46）

観点	知識・技能	思考・判断・表現	主体的に学習に取り組む態度
趣旨	身近な地域や市区町村の地理的環境，地域の安全を守るための諸活動や地域の産業と消費生活の様子，地域の様子の移り変わりについて，人々の生活との関連を踏まえて理解しているとともに，調査活動，地図帳や各種の具体的資料を通して，必要な情報を調べまとめている。	地域における社会的事象の特色や相互の関連，意味を考えたり，社会に見られる課題を把握して，その解決に向けて社会への関わり方を選択・判断したり，考えたことや選択・判断したことを表現したりしている。	地域における社会的事象について，地域社会に対する誇りと愛情をもつ地域社会の将来の担い手として，主体的に問題解決しようとしたり，よりよい社会を考え学習したことを社会生活に生かそうとしたりしている。

（改善等通知 別紙4 P. 3）

2 内容のまとまりごとの評価規準（例）

(1)「身近な地域や市区町村の様子」

知識・技能	思考・判断・表現	主体的に学習に取り組む態度
・身近な地域や自分たちの市の様子を大まかに理解している。	・都道府県内における市の位置，市の地形や土地利用，交通の広がり，市役所など主な公共	・身近な地域や市区町村の様子について，主体的に問題解決しようとしている。

知識・技能	思考・判断・表現	主体的に学習に取り組む態度
・観察・調査したり地図などの資料で調べたりして，白地図などにまとめている。	施設の場所と働き，古くから残る建造物の分布などに着目して，身近な地域や市の様子を捉え，場所による違いを考え，表現している。	

(2)「地域に見られる生産や販売の仕事」

知識・技能	思考・判断・表現	主体的に学習に取り組む態度
・生産の仕事は，地域の人々の生活と密接な関わりをもって行われていることを理解している。 ・販売の仕事は，消費者の多様な願いを踏まえ売り上げを高めるよう，工夫して行われていることを理解している。 ・見学・調査したり地図などの資料で調べたりして，白地図などにまとめている。	・仕事の種類や産地の分布，仕事の工程などに着目して，生産に携わっている人々の仕事の様子を捉え，地域の人々の生活との関連を考え，表現している。 ・消費者の願い，販売の仕方，他地域や外国との関わりなどに着目して，販売に携わっている人々の仕事の様子を捉え，それらの仕事に見られる工夫を考え，表現している。	・地域に見られる生産や販売の仕事について，主体的に問題解決しようとしている。

(3)「地域の安全を守る働き」

知識・技能	思考・判断・表現	主体的に学習に取り組む態度
・消防署や警察署などの関係機関は，地域の安全を守るために，相互に連携して緊急時に対処する体制をとっていることや，関係機関が地域の人々と協力して火災や事故などの防止に努めていることを理解している。 ・見学・調査したり地図などの資料で調べたりして，まとめている。	・施設・設備などの配置，緊急時への備えや対応などに着目して，関係機関や地域の人々の諸活動を捉え，相互の関連や従事する人々の働きを考え，表現している。	・地域の安全を守る働きについて主体的に問題解決しようとしたり，よりよい社会を考え学習したことを社会生活に生かそうとしたりしている。

(4)「市の様子の移り変わり」

知識・技能	思考・判断・表現	主体的に学習に取り組む態度
・市や人々の生活の様子は，時間	・交通や公共施設，土地利用や人	・市の様子の移り変わりついて，

| の経過に伴い，移り変わってきたことを理解している。
・聞き取り調査をしたり地図などの資料で調べたりして，年表などにまとめている。 | 口，生活の道具などの時期による違いに着目して，市や人々の生活の様子を捉え，それらの変化を考え，表現している。 | 主体的に問題解決しようとしたり，よりよい社会を考え学習したことを社会生活に生かそうとしたりしている。 |

Ⅱ　第4学年

1　第4学年の目標と評価の観点及びその趣旨

社会的事象の見方・考え方を働かせ，学習の問題を追究・解決する活動を通して，次のとおり資質・能力を育成することを目指す。

	（1）	（2）	（3）
目標	自分たちの都道府県の地理的環境の特色，地域の人々の健康と生活環境を支える働きや自然災害から地域の安全を守るための諸活動，地域の伝統と文化や地域の発展に尽くした先人の働きなどについて，人々の生活との関連を踏まえて理解するとともに，調査活動，地図帳や各種の具体的資料を通して，必要な情報を調べまとめる技能を身に付けるようにする。	社会的事象の特色や相互の関連，意味を考える力，社会に見られる課題を把握して，その解決に向けて社会への関わり方を選択・判断する力，考えたことや選択・判断したことを表現する力を養う。	社会的事象について，主体的に学習の問題を解決しようとする態度や，よりよい社会を考え学習したことを社会生活に生かそうとする態度を養うとともに，思考や理解を通して，地域社会に対する誇りと愛情，地域社会の一員としての自覚を養う。

（小学校学習指導要領 P.49）

観点	知識・技能	思考・判断・表現	主体的に学習に取り組む態度
趣旨	自分たちの都道府県の地理的環境の特色，地域の人々の健康と生活環境を支える働きや自然災害から地域の安全を守るための諸活動，地域の伝統と文化や地域の発展に尽くした先人の働きなどについて，人々の生活との関連を踏まえて理解しているとともに，調査活動，地図帳や各種の具体的資料を通して，必要な情報を調べまとめている。	地域における社会的事象の特色や相互の関連，意味を考えたり，社会に見られる課題を把握して，その解決に向けて社会への関わり方を選択・判断したり，考えたことや選択・判断したことを表現したりしている。	地域における社会的事象について，地域社会に対する誇りと愛情をもつ地域社会の将来の担い手として，主体的に問題解決しようとしたり，よりよい社会を考え学習したことを社会生活に生かそうとしたりしている。

（改善等通知　別紙4　P.4）

2 内容のまとまりごとの評価規準（例）

(1)「都道府県（以下第2章第2節において「県」という）の様子」

知識・技能	思考・判断・表現	主体的に学習に取り組む態度
・自分たちの県の地理的環境の概要を理解している。また，47都道府県の名称と位置を理解している。 ・地図帳や各種の資料で調べ，白地図などにまとめている。	・我が国における自分たちの県の位置，県全体の地形や主な産業の分布，交通網や主な都市の位置などに着目して，県の様子を捉え，地理的環境の特色を考え，表現している。	・都道府県の様子について，主体的に問題解決しようとしている。

(2)「人々の健康や生活環境を支える事業」

知識・技能	思考・判断・表現	主体的に学習に取り組む態度
・飲料水，電気，ガスを供給する事業は，安全で安定的に供給できるよう進められていることや，地域の人々の健康な生活の維持と向上に役立っていることを理解している。 ・廃棄物を処理する事業は，衛生的な処理や資源の有効利用ができるよう進められていることや，生活環境の維持と向上に役立っていることを理解している。 ・見学・調査したり地図などの資料で調べたりして，まとめている。	・供給の仕組みや経路，県内外の人々の協力などに着目して，飲料水，電気，ガスの供給のための事業の様子を捉え，それらの事業が果たす役割を考え，表現している。 ・処理の仕組みや再利用，県内外の人々の協力などに着目して，廃棄物の処理のための事業の様子を捉え，その事業が果たす役割を考え，表現している。	・人々の健康や生活環境を支える事業について，主体的に問題解決しようとしたり，よりよい社会を考え学習したことを社会生活に生かそうとしたりしている。

(3)「自然災害から人々を守る活動」

知識・技能	思考・判断・表現	主体的に学習に取り組む態度
・地域の関係機関や人々は，自然災害に対し，様々な協力をして対処してきたことや，今後想定される災害に対し，様々な備えをしていることを理解している。 ・聞き取り調査をしたり地図や年表などの資料で調べたりし	・過去に発生した地域の自然災害，関係機関の協力などに着目して，災害から人々を守る活動を捉え，その働きを考え，表現している。	・自然災害から人々を守る活動ついて，主体的に問題解決しようとしたり，よりよい社会を考え学習したことを社会生活に生かそうとしたりしている。

	て，まとめている。		

(4) 「県内の伝統や文化，先人の働き」

知識・技能	思考・判断・表現	主体的に学習に取り組む態度
・県内の文化財や年中行事は，地域の人々が受け継いできたことや，それらには地域の発展など人々の様々な願いが込められていることを理解している。 ・地域の発展に尽くした先人は，様々な苦心や努力により当時の生活の向上に貢献したことを理解している。 ・見学・調査したり地図などの資料で調べたりして，年表などにまとめている。	・歴史的背景や現在に至る経過，保存や継承のための取組などに着目して，県内の文化財や年中行事の様子を捉え，人々の願いや努力を考え，表現している。 ・当時の世の中の課題や人々の願いなどに着目して，地域の発展に尽くした先人の具体的事例を捉え，先人の働きを考え，表現している。	・県内の伝統や文化，先人の働きについて，主体的に問題解決しようとしたり，よりよい社会を考え学習したことを社会生活に生かそうとしたりしている。

(5) 「県内の特色ある地域の様子」

知識・技能	思考・判断・表現	主体的に学習に取り組む態度
・県内の特色ある地域では，人々が協力し，特色あるまちづくりや観光などの産業の発展に努めていることを理解している。 ・地図帳や各種の資料で調べ，白地図などにまとめている。	・特色ある地域の位置や自然環境，人々の活動や産業の歴史的背景，人々の協力関係などに着目して，地域の様子を捉え，それらの特色を考え，表現している。	・県内の特色ある地域の様子ついて，主体的に問題解決しようとしている。

Ⅲ　第5学年

1　第5学年の目標と評価の観点及びその趣旨

　社会的事象の見方・考え方を働かせ，学習の問題を追究・解決する活動を通して，次のとおり資質・能力を育成することを目指す。

		（1）	（2）	（3）
目標		我が国の国土の地理的環境の特色や産業の現状，社会の情報化と産業の関わりについて，国民生活との関連を踏まえて理	社会的事象の特色や相互の関連，意味を多角的に考える力，社会に見られる課題を把握して，その解決に向けて社会への	社会的事象について，主体的に学習の問題を解決しようとする態度や，よりよい社会を考え学習したことを社会生活に生

	知識・技能	思考・判断・表現	主体的に学習に取り組む態度
	解するとともに，地図帳や地球儀，統計などの各種の基礎的資料を通して，情報を適切に調べまとめる技能を身に付けるようにする。	関わり方を選択・判断する力，考えたことや選択・判断したことを説明したり，それら基に議論したりする力を養う。	かそうとする態度を養うとともに，多角的な思考や理解を通して，我が国の国土に対する愛情，我が国の産業の発展を願い我が国の将来を担う国民としての自覚を養う。

（小学校学習指導要領 P.53）

観点	知識・技能	思考・判断・表現	主体的に学習に取り組む態度
趣旨	我が国の国土の地理的環境の特色や産業の現状，社会の情報化と産業の関わりについて，国民生活との関連を踏まえて理解しているとともに，地図帳や地球儀，統計などの各種の基礎的資料を通して，情報を適切に調べまとめている。	我が国の国土や産業の様子に関する社会的事象の特色や相互の関連，意味を多角的に考えたり，社会に見られる課題を把握して，その解決に向けて社会への関わり方を選択・判断したり，考えたことや選択・判断したことを説明したり，それらを基に議論したりしている。	我が国の国土や産業の様子に関する社会的事象について，我が国の国土に対する愛情をもち産業の発展を願う国家及び社会の将来の担い手として，主体的に問題解決しようとしたり，よりよい社会を考え学習したことを社会生活に生かそうとしたりしている。

（改善等通知　別紙4　P.4）

2　内容のまとまりごとの評価規準（例）

(1)「我が国の国土の様子と国民生活」

知識・技能	思考・判断・表現	主体的に学習に取り組む態度
・世界における我が国の国土の位置，国土の構成，領土の範囲などを大まかに理解している。 ・我が国の国土の地形や気候の概要を理解しているとともに，人々は自然環境に適応して生活していることを理解している。 ・地図帳や地球儀，各種の資料で調べ，まとめている。	・世界の大陸と主な海洋，主な国の位置，海洋に囲まれ多数の島からなる国土の構成などに着目して，我が国の国土の様子を捉え，その特色を考え，表現している。 ・地形や気候などに着目して，国土の自然などの様子や自然条件から見て特色ある地域の人々の生活を捉え，国土の自然環境の特色やそれらと国民生活との関連を考え，表現している。	・我が国の国土の様子と国民生活について，主体的に問題解決しようとしている。

(2) 「我が国の農業や水産業における食料生産」

知識・技能	思考・判断・表現	主体的に学習に取り組む態度
・我が国の食料生産は，自然条件を生かして営まれていることや，国民の食料を確保する重要な役割を果たしていることを理解している。 ・食料生産に関わる人々は，生産性や品質を高めるよう努力したり輸送方法や販売方法を工夫したりして，良質な食料を消費地に届けるなど，食料生産を支えていることを理解している。 ・地図帳や地球儀，各種の資料で調べ，まとめている。	・生産物の種類や分布，生産量の変化，輸入など外国との関わりなどに着目して，食料生産の概要を捉え，食料生産が国民生活に果たす役割を考え，表現している。 ・生産の工程，人々の協力関係，技術の向上，輸送，価格や費用などに着目して，食料生産に関わる人々の工夫や努力を捉え，その働きを考え，表現している。	・我が国の農業や水産業における食料生産について，主体的に問題解決しようとしたり，よりよい社会を考え学習したことを社会生活に生かそうとしたりしている。

(3) 「我が国の工業生産」

知識・技能	思考・判断・表現	主体的に学習に取り組む態度
・我が国では様々な工業生産が行われていることや，国土には工業の盛んな地域が広がっていること及び工業製品は国民生活の向上に重要な役割を果たしていることを理解している。 ・工業生産に関わる人々は，消費者の需要や社会の変化に対応し，優れた製品を生産するよう様々な工夫や努力をして，工業生産を支えていることを理解している。 ・貿易や運輸は，原材料の確保や製品の販売などにおいて，工業生産を支える重要な役割を果たしていることを理解している。 ・地図帳や地球儀，各種の資料で調べ，まとめている。	・工業の種類，工業の盛んな地域の分布，工業製品の改良などに着目して，工業生産の概要を捉え，工業生産が国民生活に果たす役割を考え，表現している。 ・製造の工程，工場相互の協力関係，優れた技術などに着目して，工業生産に関わる人々の工夫や努力を捉え，その働きを考え，表現している。 ・交通網の広がり，外国との関わりなどに着目して，貿易や運輸の様子を捉え，それらの役割を考え，表現している。	・我が国の工業生産について，主体的に問題解決しようとしたり，よりよい社会を考え学習したことを社会生活に生かそうとしたりしている。

巻末資料

(4)「我が国の産業と情報との関わり」

知識・技能	思考・判断・表現	主体的に学習に取り組む態度
・放送，新聞などの産業は，国民生活に大きな影響を及ぼしていることを理解している。 ・大量の情報や情報通信技術の活用は，様々な産業を発展させ，国民生活を向上させていることを理解している。 ・聞き取り調査をしたり映像や新聞などの各種資料で調べたりして，まとめている。	・情報を集め発信するまでの工夫や努力などに着目して，放送，新聞などの産業の様子を捉え，それらの産業が国民生活に果たす役割を考え，表現している。 ・情報の種類，情報の活用の仕方などに着目して，産業における情報活用の現状を捉え，情報を生かして発展する産業が国民生活に果たす役割を考え，表現している。	・我が国の産業と情報との関わりについて，主体的に問題解決しようとしたり，よりよい社会を考え学習したことを社会生活に生かそうとしたりしている。

(5)「我が国の国土の自然環境と国民生活との関連」

知識・技能	思考・判断・表現	主体的に学習に取り組む態度
・自然災害は国土の自然条件などと関連して発生していることや，自然災害から国土を保全し国民生活を守るために国や県などが様々な対策や事業を進めていることを理解している。 ・森林は，その育成や保護に従事している人々の様々な工夫と努力により国土の保全など重要な役割を果たしていることを理解している。 ・関係機関や地域の人々の様々な努力により公害の防止や生活環境の改善が図られてきたことを理解しているとともに，公害から国土の環境や国民の健康な生活を守ることの大切さを理解している。 ・地図帳や各種の資料で調べ，まとめている。	・災害の種類や発生の位置や時期，防災対策などに着目して，国土の自然災害の状況を捉え，自然条件との関連を考え，表現している。 ・森林資源の分布や働きなどに着目して，国土の環境を捉え，森林資源が果たす役割を考え，表現している。 ・公害の発生時期や経過，人々の協力や努力などに着目して，公害防止の取組を捉え，その働きを考え，表現している。	・我が国の国土の自然環境と国民生活との関連について，主体的に問題解決しようとしたり，よりよい社会を考え学習したことを社会生活に生かそうとしたりしている。

Ⅳ　第6学年

1　第6学年の目標と評価の観点及びその趣旨

社会的事象の見方・考え方を働かせ，学習の問題を追究・解決する活動を通して，次のとおり資質・能力を育成することを目指す。

	（1）	（2）	（3）
目標	我が国の政治の考え方と仕組みや働き，国家及び社会の発展に大きな働きをした先人の業績や優れた文化遺産，我が国と関係の深い国の生活やグローバル化する国際社会における我が国の役割について理解するとともに，地図帳や地球儀，統計や年表などの各種の基礎的資料を通して，情報を適切に調べまとめる技能を身に付けるようにする。	社会的事象の特色や相互の関連，意味を多角的に考える力，社会に見られる課題を把握して，その解決に向けて社会への関わり方を選択・判断する力，考えたことや選択・判断したことを説明したり，それらを基に議論したりする力を養う。	社会的事象について，主体的に学習の問題を解決しようとする態度や，よりよい社会を考え学習したことを社会生活に生かそうとする態度を養うとともに，多角的な思考や理解を通して，我が国の歴史や伝統を大切にして国を愛する心情，我が国の将来を担う国民としての自覚や平和を願う日本人として世界の国々の人々と共に生きることの大切さについての自覚を養う。

（小学校学習指導要領 P.57）

観点	知識・技能	思考・判断・表現	主体的に学習に取り組む態度
趣旨	我が国の政治の考え方と仕組みや働き，国家及び社会の発展に大きな働きをした先人の業績や優れた文化遺産，我が国と関係の深い国の生活やグローバル化する国際社会における我が国の役割について理解しているとともに，地図帳や地球儀，統計や年表などの各種の基礎的資料を通して，情報を適切に調べまとめている。	我が国の政治と歴史及び国際理解に関する社会的事象の特色や相互の関連，意味を多角的に考えたり，社会に見られる課題を把握して，その解決に向けて社会への関わり方を選択・判断したり，考えたことや選択・判断したことを説明したり，それらを基に議論したりしている。	我が国の政治と歴史及び国際理解に関する社会的事象について，我が国の歴史や伝統を大切にして国を愛する心情をもち平和を願い世界の国々の人々と共に生きることを大切にする国家及び社会の将来の担い手として，主体的に問題解決しようとしたり，よりよい社会を考え学習したことを社会生活に生かそうとしたりしている。

（改善等通知　別紙4　P.4）

2 内容のまとまりごとの評価規準（例）

(1)「我が国の政治の働き」

知識・技能	思考・判断・表現	主体的に学習に取り組む態度
・日本国憲法は国家の理想，天皇の地位，国民としての権利及び義務など国家や国民生活の基本を定めていることや，現在の我が国の民主政治は日本国憲法の基本的な考え方に基づいていることを理解しているとともに，立法，行政，司法の三権がそれぞれの役割を果たしていることを理解している。 ・国や地方公共団体の政治は，国民主権の考え方の下，国民生活の安定と向上を図る大切な働きをしていることを理解している。 ・見学・調査したり各種の資料で調べたりして，まとめている。	・日本国憲法の基本的な考え方に着目して，我が国の民主政治を捉え，日本国憲法が国民生活に果たす役割や，国会，内閣，裁判所と国民との関わりを考え，表現している。 ・政策の内容や計画から実施までの過程，法令や予算との関わりなどに着目して，国や地方公共団体の政治の取組を捉え，国民生活における政治の働きを考え，表現している。	・我が国の政治の働きについて，主体的に問題解決しようとしたり，よりよい社会を考え学習したことを社会生活に生かそうとしたりしている。

(2)「我が国の歴史上の主な事象」

知識・技能	思考・判断・表現	主体的に学習に取り組む態度
・我が国の歴史上の主な事象を手掛かりに，大まかな歴史を理解しているとともに，関連する先人の業績，優れた文化遺産を理解している。 ・遺跡や文化財，地図や年表などの資料で調べ，まとめている。	・世の中の様子，人物の働きや代表的な文化遺産などに着目して，我が国の歴史上の主な事象を捉え，我が国の歴史の展開を考えるとともに，歴史を学ぶ意味を考え，表現している。	・我が国の歴史上の主な事象について，主体的に問題解決しようとしたり，よりよい社会を考え学習したことを社会生活に生かそうとしたりしている。

(3)「グローバル化する世界と日本の役割」

知識・技能	思考・判断・表現	主体的に学習に取り組む態度
・我が国と経済や文化などの面でつながりの深い国の人々の生活は，多様であることを理解しているとともに，スポー	・外国の人々の生活の様子などに着目して，日本の文化や習慣との違いを捉え，国際交流の果たす役割を考え，表現し	・グローバル化する世界と日本の役割について，主体的に問題解決しようとしたり，よりよい社会を考え学習したこと

ツや文化などを通して他国と交流し，異なる文化や習慣を尊重し合うことが大切であることを理解している。 ・我が国は，平和な世界の実現のために国際連合の一員として重要な役割を果たしたり，諸外国の発展のために援助や協力を行ったりしていることを理解している。 ・地図帳や地球儀，各種の資料で調べ，まとめている。	ている。 ・地球規模で発生している課題の解決に向けた連携・協力などに着目して，国際連合の働きや我が国の国際協力の様子を捉え，国際社会において我が国が果たしている役割を考え，表現している。	を社会生活に生かそうとしたりしている。

巻末
資料

評価規準，評価方法等の工夫改善に関する調査研究について

平成 31 年 2 月 4 日　国立教育政策研究所長裁定
平成 31 年 4 月 12 日　一　　部　　改　　正

1　趣　旨

　　学習評価については，中央教育審議会初等中等教育分科会教育課程部会において「児童生徒の学習評価の在り方について」（平成 31 年 1 月 21 日）の報告がまとめられ，新しい学習指導要領に対応した，各教科等の評価の観点及び評価の観点に関する考え方が示されたところである。

　　これを踏まえ，各小学校，中学校及び高等学校における児童生徒の学習の効果的，効率的な評価に資するため，教科等ごとに，評価規準，評価方法等の工夫改善に関する調査研究を行う。

2　調査研究事項
（1）評価規準及び当該規準を用いた評価方法に関する参考資料の作成
（2）学校における学習評価に関する取組についての情報収集
（3）上記（1）及び（2）に関連する事項

3　実施方法

　　調査研究に当たっては，教科等ごとに教育委員会関係者，教師及び学識経験者等を協力者として委嘱し，2 の事項について調査研究を行う。

4　庶　務

　　この調査研究にかかる庶務は，教育課程研究センターにおいて処理する。

5　実施期間

　　平成 31 年 4 月 19 日〜令和 2 年 3 月 31 日

巻末資料

評価規準，評価方法等の工夫改善に関する調査研究協力者（五十音順）

（職名は平成 31 年 4 月現在）

石井　正広	東京都新宿区立四谷小学校長
加藤　寿朗	島根大学大学院教授
黒田　拓志	香川県高松市立川東小学校教諭
澤井　陽介	国士舘大学教授
長谷川裕晃	埼玉県教育局東部教育事務所指導主事
宗像　北斗	横浜市立幸ケ谷小学校教諭
横田　富信	東京都世田谷区立経堂小学校指導教諭

国立教育政策研究所においては，次の関係官が担当した。

小倉　勝登	国立教育政策研究所教育課程研究センター研究開発部教育課程調査官

この他，本書編集の全般にわたり，国立教育政策研究所において以下の者が担当した。

笹井　弘之	国立教育政策研究所教育課程研究センター長
清水　正樹	国立教育政策研究所教育課程研究センター研究開発部副部長
髙井　　修	国立教育政策研究所教育課程研究センター研究開発部研究開発課長
高橋　友之	国立教育政策研究所教育課程研究センター研究開発部研究開発課指導係長
奥田　正幸	国立教育政策研究所教育課程研究センター研究開発部研究開発課指導係専門職
森　　孝博	国立教育政策研究所教育課程研究センター研究開発部教育課程調査官

学習指導要領等関係資料について

　学習指導要領等の関係資料は以下のとおりです。いずれも，文部科学省や国立教育政策研究所のウェブサイトから閲覧が可能です。スマートフォンなどで閲覧する際は，以下の二次元コードを読み取って，資料に直接アクセスする事が可能です。本書と合わせて是非ご覧ください。

---

① 学習指導要領、学習指導要領解説　等

② 中央教育審議会答申「幼稚園、小学校、中学校、高等学校及び特別支援学校の学習指導要領等の改善及び必要な方策等について」(平成 28 年 12 月 21 日)

③ 中央教育審議会初等中等教育分科会教育課程部会報告「児童生徒の学習評価の在り方について」(平成 31 年 1 月 21 日)

④ 小学校，中学校，高等学校及び特別支援学校等における児童生徒の学習評価及び指導要録の改善等について(平成 31 年 3 月 29 日 30 文科初第 1845 号初等中等教育局長通知)

　　　　　　　　　　　※各教科等の評価の観点等及びその趣旨や指導要録(参考様式)は，同通知に掲載。

⑤ 学習評価の在り方ハンドブック(小・中学校編) (令和元年 6 月)

⑥ 学習評価の在り方ハンドブック(高等学校編) (令和元年 6 月)

⑦ 平成 29 年改訂の小・中学校学習指導要領に関する Q&A

⑧ 平成 30 年改訂の高等学校学習指導要領に関する Q&A

⑨ 平成 29・30 年改訂の学習指導要領下における学習評価に関する Q&A

① ② ③ ④ ⑤ ⑥ ⑦ ⑧ ⑨

巻末
資料

学習評価の在り方ハンドブック

小・中学校編

文部科学省　国立教育政策研究所教育課程研究センター

学習指導要領

学習指導要領とは, 国が定めた「教育課程の基準」です。

（学校教育法施行規則第52条, 74条, 84条及び129条等より）

■学習指導要領の構成
〈小学校の例〉

前文
第1章　総則
第2章　各教科
　　　　第1節　　国語
　　　　第2節　　社会
　　　　第3節　　算数
　　　　第4節　　理科
　　　　第5節　　生活
　　　　第6節　　音楽
　　　　第7節　　図画工作
　　　　第8節　　家庭
　　　　第9節　　体育
　　　　第10節　　外国語
第3章　特別の教科 道徳
第4章　外国語活動
第5章　総合的な学習の時間
第6章　特別活動

総則は, 以下の項目で整理され, 全ての教科等に共通する事項が記載されています。

- 第1　小学校教育の基本と教育課程の役割
- 第2　教育課程の編成
- 第3　教育課程の実施と学習評価
- 第4　児童の発達の支援
- 第5　学校運営上の留意事項
- 第6　道徳教育に関する配慮事項

> 学習評価の実施に当たっての配慮事項

各教科等の目標, 内容等が記載されています。

（例）第1節　国語

- 第1　目標
- 第2　各学年の目標及び内容
- 第3　指導計画の作成と内容の取扱い

平成29年改訂学習指導要領の各教科等の目標や内容は, 教育課程全体を通して育成を目指す資質・能力の三つの柱に基づいて再整理されています。

ア　何を理解しているか, 何ができるか
　　（生きて働く「知識・技能」の習得）

イ　理解していること・できることをどう使うか（未知の状況にも対応できる「思考力・判断力・表現力等」の育成）

ウ　どのように社会・世界と関わり, よりよい人生を送るか
　　（学びを人生や社会に生かそうとする「学びに向かう力・人間性等」の涵養）

平成29年改訂「小学校学習指導要領」より
※中学校もおおむね同様の構成です。

詳しくは, 文部科学省Webページ「学習指導要領のくわしい内容」をご覧ください。
(http://www.mext.go.jp/a_menu/shotou/new-cs/1383986.htm)

学習指導要領解説

学習指導要領解説とは,大綱的な基準である学習指導要領の記述の意味や解釈などの詳細について説明するために,文部科学省が作成したものです。

■学習指導要領解説の構成
〈小学校 国語編の例〉

●第1章 総説
　　1 改訂の経緯及び基本方針
　　2 国語科の改訂の趣旨及び要点

> 総説
> 改訂の経緯及び
> 基本方針

●第2章 国語科の目標及び内容
　第1節 国語科の目標
　　1 教科の目標
　　2 学年の目標
　第2節 国語科の内容
　　1 内容の構成
　　2 〔知識及び技能〕の内容
　　3 〔思考力,判断力,表現力等〕の内容

●第3章 各学年の内容
　第1節 第1学年及び第2学年の内容
　　1 〔知識及び技能〕
　　2 〔思考力,判断力,表現力等〕
　第2節 第3学年及び第4学年の内容
　　1 〔知識及び技能〕
　　2 〔思考力,判断力,表現力等〕
　第3節 第5学年及び第6学年の内容
　　1 〔知識及び技能〕
　　2 〔思考力,判断力,表現力等〕

●第4章 指導計画の作成と内容の取扱い
　　1 指導計画作成上の配慮事項
　　2 内容の取扱いについての配慮事項
　　3 教材についての配慮事項

●付録
付録1：学校教育施行規則(抄)
付録2：小学校学習指導要領 第1章 総則
付録3：小学校学習指導要領 第2章 第1節 国語
付録4：教科の目標,各学年の目標及び内容の系統表
　　　　(小・中学校国語科)
付録5：中学校学習指導要領 第2章 第1節 国語
付録6：小学校学習指導要領 第2章 第10節 外国語
付録7：小学校学習指導要領 第4章 外国語活動
付録8：小学校学習指導要領 第3章 特別の教科 道徳
付録9：「道徳の内容」の学年段階・学校段階の一覧表
付録10：幼稚園教育要領

> 教科等の目標及び内容の概要
> 参考(系統性等)
> 学年や分野ごとの内容
> 指導計画作成や内容の取扱いに係る配慮事項

「小学校学習指導要領解説 国語編」より
※中学校もおおむね同様の構成です。「総則編」「総合的な学習の時間編」及び「特別活動編」は異なった構成となっています。

教師は,学習指導要領で定めた資質・能力が,児童生徒に確実に育成されているかを評価します

学習評価の基本的な考え方

　学習評価は,学校における教育活動に関し,児童生徒の学習状況を評価するものです。「児童生徒にどういった力が身に付いたか」という学習の成果を的確に捉え,**教師が指導の改善を図る**とともに,**児童生徒自身が自らの学習を振り返って次の学習に向かうことができるようにする**ためにも,学習評価の在り方は重要であり,教育課程や学習・指導方法の改善と一貫性のある取組を進めることが求められます。

カリキュラム・マネジメントの一環としての指導と評価

　各学校は,日々の授業の下で児童生徒の学習状況を評価し,その結果を児童生徒の学習や教師による指導の改善や学校全体としての教育課程の改善,校務分掌を含めた組織運営等の改善に生かす中で,学校全体として組織的かつ計画的に教育活動の質の向上を図っています。

　このように,「学習指導」と「学習評価」は学校の教育活動の根幹であり,教育課程に基づいて組織的かつ計画的に教育活動の質の向上を図る「カリキュラム・マネジメント」の中核的な役割を担っています。

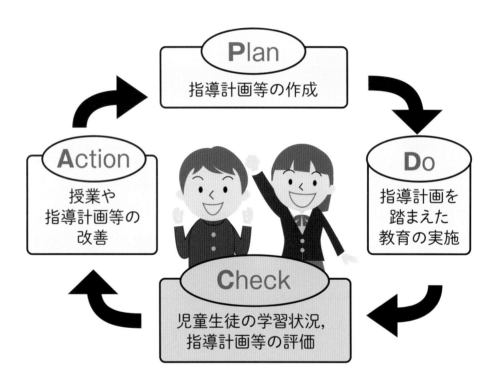

主体的・対話的で深い学びの視点からの授業改善と評価

　指導と評価の一体化を図るためには,児童生徒一人一人の学習の成立を促すための評価という視点を一層重視することによって,教師が自らの指導のねらいに応じて授業の中での児童生徒の学びを振り返り,学習や指導の改善に生かしていくというサイクルが大切です。平成29年改訂学習指導要領で重視している「主体的・対話的で深い学び」の視点からの授業改善を通して,各教科等における資質・能力を確実に育成する上で,学習評価は重要な役割を担っています。

☑ 教師の指導改善に
　つながるものにしていくこと

☑ 児童生徒の学習改善に
　つながるものにしていくこと

☑ これまで慣行として行われてきたことでも，
　必要性・妥当性が認められないものは
　見直していくこと

次の授業では
〇〇を重点的に
指導しよう。

〇〇のところは
もっと～した方が
よいですね。

　詳しくは，平成31年3月29日文部科学省初等中等教育局長通知「小学校,中学校,高等学校及び特別支援学校等における児童生徒の学習評価及び指導要録の改善等について（通知）」をご覧ください。
(http://www.mext.go.jp/b_menu/hakusho/nc/1415169.htm)

コラム　　　評価に戸惑う児童生徒の声

　「先生によって観点の重みが違うんです。授業態度をとても重視する先生もいるし, テストだけで判断するという先生もいます。そうすると, どう努力していけばよいのか本当に分かりにくいんです。」（中央教育審議会初等中等教育分科会教育課程部会 児童生徒の学習評価に関するワーキンググループ第7回における高等学校3年生の意見より）

　あくまでこれは一部の意見ですが, 学習評価に対する児童生徒のこうした意見には, 適切な評価を求める切実な思いが込められています。そのような児童生徒の声に応えるためにも, 教師は, 児童生徒への学習状況のフィードバックや, 授業改善に生かすという評価の機能を一層充実させる必要があります。教師と児童生徒が共に納得する学習評価を行うためには, 評価規準を適切に設定し, 評価の規準や方法について, 教師と児童生徒及び保護者で共通理解を図るガイダンス的な機能と, 児童生徒の自己評価と教師の評価を結び付けていくカウンセリング的な機能を充実させていくことが重要です。

Column

学習評価の基本構造

　平成29年改訂で,学習指導要領の目標及び内容が資質・能力の三つの柱で再整理されたことを踏まえ,各教科における観点別学習状況の評価の観点については,「知識・技能」,「思考・判断・表現」,「主体的に学習に取り組む態度」の3観点に整理されています。

「学びに向かう力,人間性等」には
①「主体的に学習に取り組む態度」として観点別評価(学習状況を分析的に捉える)を通じて見取ることができる部分と,
②観点別評価や評定にはなじまず,こうした評価では示しきれないことから個人内評価を通じて見取る部分があります。

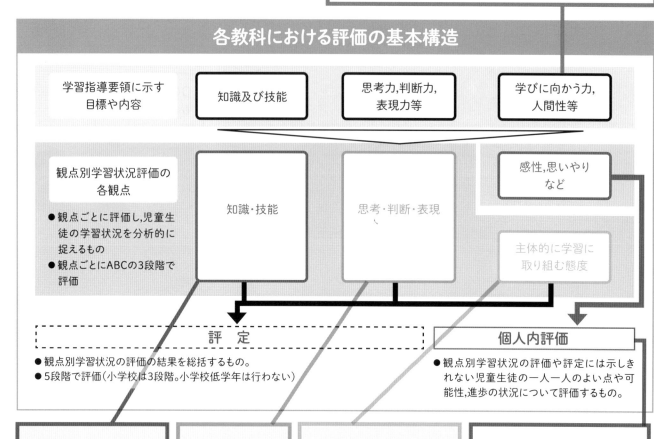

各教科における評価の基本構造

学習指導要領に示す目標や内容	知識及び技能	思考力,判断力,表現力等	学びに向かう力,人間性等

観点別学習状況評価の各観点
- 観点ごとに評価し,児童生徒の学習状況を分析的に捉えるもの
- 観点ごとにABCの3段階で評価

知識・技能　思考・判断・表現　主体的に学習に取り組む態度

感性,思いやりなど

評定
- 観点別学習状況の評価の結果を総括するもの。
- 5段階で評価(小学校は3段階。小学校低学年は行わない)

個人内評価
- 観点別学習状況の評価や評定には示しきれない児童生徒の一人一人のよい点や可能性,進歩の状況について評価するもの。

　各教科等における学習の過程を通した知識及び技能の習得状況について評価を行うとともに,それらを既有の知識及び技能と関連付けたり活用したりする中で,他の学習や生活の場面でも活用できる程度に概念等を理解したり,技能を習得したりしているかを評価します。

　各教科等の知識及び技能を活用して課題を解決する等のために必要な思考力,判断力,表現力等を身に付けているかどうかを評価します。

　知識及び技能を獲得したり,思考力,判断力,表現力等を身に付けたりするために,自らの学習状況を把握し,学習の進め方について試行錯誤するなど自らの学習を調整しながら,学ぼうとしているかどうかという意思的な側面を評価します。

　個人内評価の対象となるものについては,児童生徒が学習したことの意義や価値を実感できるよう,日々の教育活動等の中で児童生徒に伝えることが重要です。特に,「学びに向かう力,人間性等」のうち「感性や思いやり」など児童生徒一人一人のよい点や可能性,進歩の状況などを積極的に評価し児童生徒に伝えることが重要です。

　詳しくは,平成31年1月21日文部科学省中央教育審議会初等中等教育分科会教育課程部会「児童生徒の学習評価の在り方について(報告)」をご覧ください。
(http://www.mext.go.jp/b_menu/shingi/chukyo/chukyo3/004/gaiyou/1412933.htm)

特別の教科 道徳, 外国語活動, 総合的な学習の時間及び特別活動の評価について

　特別の教科 道徳, 外国語活動(小学校のみ), 総合的な学習の時間, 特別活動についても, 学習指導要領で示したそれぞれの目標や特質に応じ, 適切に評価します。なお, 道徳科の評価は, 入学者選抜の合否判定に活用することのないようにする必要があります。

特別の教科 道徳(道徳科)

　児童生徒の人格そのものに働きかけ, 道徳性を養うことを目標とする道徳科の評価としては, 観点別評価は妥当ではありません。授業において児童生徒に考えさせることを明確にして,「道徳的諸価値についての理解を基に, 自己を見つめ, 物事を(広い視野から)多面的・多角的に考え, 自己の(人間としての)生き方についての考えを深める」という学習活動における児童生徒の具体的な取組状況を, 一定のまとまりの中で, 児童生徒が学習の見通しを立てたり学習したことを振り返ったりする活動を適切に設定しつつ, 学習活動全体を通して見取ります。

外国語活動(小学校のみ)

　評価の観点については, 学習指導要領に示す「第1目標」を踏まえ, 右の表を参考に設定することとしています。この3つの観点に則して児童の学習状況を見取ります。

知識・技能	思考・判断・表現	主体的に学習に取り組む態度
●外国語を通して, 言語や文化について体験的に理解を深めている。 ●日本語と外国語の音声の違い等に気付いている。 ●外国語の音声や基本的な表現に慣れ親しんでいる。	身近で簡単な事柄について, 外国語で聞いたり話したりして自分の考えや気持ちなどを伝え合っている。	外国語を通して, 言語やその背景にある文化に対する理解を深め, 相手に配慮しながら, 主体的に外国語を用いてコミュニケーションを図ろうとしている。

総合的な学習の時間

　評価の観点については, 学習指導要領に示す「第1目標」を踏まえ, 各学校において具体的に定めた目標, 内容に基づいて, 右の表を参考に定めることとしています。この3つの観点に則して児童生徒の学習状況を見取ります。

知識・技能	思考・判断・表現	主体的に学習に取り組む態度
探究的な学習の過程において, 課題の解決に必要な知識や技能を身に付け, 課題に関わる概念を形成し, 探究的な学習のよさを理解している。	実社会や実生活の中から問いを見いだし, 自分で課題を立て, 情報を集め, 整理・分析して, まとめ・表現している。	探究的な学習に主体的・協働的に取り組もうとしているとともに, 互いのよさを生かしながら, 積極的に社会に参画しようとしている。

特別活動

　特別活動の特質と学校の創意工夫を生かすということから, 設置者ではなく, 各学校が評価の観点を定めることとしています。その際, 学習指導要領に示す特別活動の目標や学校として重点化した内容を踏まえ, 例えば以下のように, 具体的に観点を示すことが考えられます。

特別活動の記録								
内容	観点	学年	1	2	3	4	5	6
学級活動	よりよい生活を築くための知識・技能		○		○	○	○	
児童会活動	集団や社会の形成者としての思考・判断・表現			○	○		○	
クラブ活動	主体的に生活や人間関係をよりよくしようとする態度					○		
学校行事				○		○	○	

　各学校で定めた観点を記入した上で, 内容ごとに, 十分満足できる状況にあると判断される場合に, ○印を記入します。
　○印をつけた具体的な活動の状況等については,「総合所見及び指導上参考となる諸事項」の欄に簡潔に記述することで, 評価の根拠を記録に残すことができます。

小学校児童指導要録(参考様式)様式2の記入例(5年生の例)

　なお, 特別活動は学級担任以外の教師が指導する活動が多いことから, 評価体制を確立し, 共通理解を図って, 児童生徒のよさや可能性を多面的・総合的に評価するとともに, 確実に資質・能力が育成されるよう指導の改善に生かすことが求められます。

観点別学習状況の評価について

　観点別学習状況の評価とは，学習指導要領に示す目標に照らして，その実現状況がどのようなものであるかを，観点ごとに評価し，児童生徒の学習状況を分析的に捉えるものです。

▌「知識・技能」の評価の方法

　「知識・技能」の評価の考え方は，従前の評価の観点である「知識・理解」，「技能」においても重視してきたところです。具体的な評価方法としては，例えばペーパーテストにおいて，事実的な知識の習得を問う問題と，知識の概念的な理解を問う問題とのバランスに配慮するなどの工夫改善を図る等が考えられます。また，児童生徒が文章による説明をしたり，各教科等の内容の特質に応じて，観察・実験をしたり，式やグラフで表現したりするなど実際に知識や技能を用いる場面を設けるなど，多様な方法を適切に取り入れていくこと等も考えられます。

▌「思考・判断・表現」の評価の方法

　「思考・判断・表現」の評価の考え方は，従前の評価の観点である「思考・判断・表現」においても重視してきたところです。具体的な評価方法としては，ペーパーテストのみならず，論述やレポートの作成，発表，グループや学級における話合い，作品の制作や表現等の多様な活動を取り入れたり，それらを集めたポートフォリオを活用したりするなど評価方法を工夫することが考えられます。

▌「主体的に学習に取り組む態度」の評価の方法

　具体的な評価方法としては，ノートやレポート等における記述，授業中の発言，教師による行動観察や，児童生徒による自己評価や相互評価等の状況を教師が評価を行う際に考慮する材料の一つとして用いることなどが考えられます。その際，各教科等の特質に応じて，児童生徒の発達の段階や一人一人の個性を十分に考慮しながら，「知識・技能」や「思考・判断・表現」の観点の状況を踏まえた上で，評価を行う必要があります。

「主体的に学習に取り組む態度」の評価のイメージ

○「主体的に学習に取り組む態度」の評価については，①知識及び技能を獲得したり，思考力，判断力，表現力等を身に付けたりすることに向けた粘り強い取組を行おうとする側面と，②①の粘り強い取組を行う中で，自らの学習を調整しようとする側面，という二つの側面から評価することが求められる。

○これら①②の姿は実際の教科等の学びの中では別々ではなく相互に関わり合いながら立ち現れるものと考えられる。例えば，自らの学習を全く調整しようとせず粘り強く取り組み続ける姿や，粘り強さが全くない中で自らの学習を調整する姿は一般的ではない。

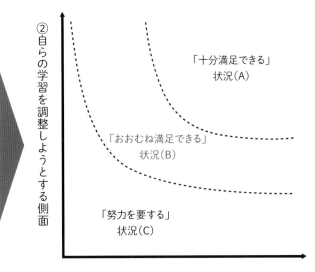

ここでの評価は，その学習の調整が「適切に行われるか」を必ずしも判断するものではなく，学習の調整が知識及び技能の習得などに結びついていない場合には，教師が学習の進め方を適切に指導することが求められます。

「自らの学習を調整しようとする側面」とは…

自らの学習状況を把握し，学習の進め方について試行錯誤するなどの意思的な側面のことです。評価に当たっては，児童生徒が自らの理解の状況を振り返ることができるような発問の工夫をしたり，自らの考えを記述したり話し合ったりする場面，他者との協働を通じて自らの考えを相対化する場面を，単元や題材などの内容のまとまりの中で設けたりするなど，「主体的・対話的で深い学び」の視点からの授業改善を図る中で，適切に評価できるようにしていくことが重要です。

コラム

「主体的に学習に取り組む態度」は，「関心・意欲・態度」と同じ趣旨ですが…
〜こんなことで評価をしていませんでしたか？〜

平成31年1月21日文部科学省中央教育審議会初等中等教育分科会教育課程部会「児童生徒の学習評価の在り方について（報告）」では，学習評価について指摘されている課題として，「関心・意欲・態度」の観点について「学校や教師の状況によっては，挙手の回数や毎時間ノートを取っているかなど，性格や行動面の傾向が一時的に表出された場面を捉える評価であるような誤解が払拭し切れていない」ということが指摘されました。これを受け，従来から重視されてきた各教科等の学習内容に関心をもつことのみならず，よりよく学ぼうとする意欲をもって学習に取り組む態度を評価するという趣旨が改めて強調されました。

Column

学習評価の充実

学習評価の妥当性, 信頼性を高める工夫の例

- 評価規準や評価方法について,事前に教師同士で検討するなどして明確にすること,評価に関する実践事例を蓄積し共有していくこと,評価結果についての検討を通じて評価に係る教師の力量の向上を図ることなど,学校として組織的かつ計画的に取り組む。

- 学校が児童生徒や保護者に対し,評価に関する仕組みについて事前に説明したり,評価結果について丁寧に説明したりするなど,評価に関する情報をより積極的に提供し児童生徒や保護者の理解を図る。

評価時期の工夫の例

- 日々の授業の中では児童生徒の学習状況を把握して指導に生かすことに重点を置きつつ,各教科における「知識・技能」及び「思考・判断・表現」の評価の記録については,原則として単元や題材などのまとまりごとに,それぞれの実現状況が把握できる段階で評価を行う。

- 学習指導要領に定められた各教科等の目標や内容の特質に照らして,複数の単元や題材などにわたって長期的な視点で評価することを可能とする。

学年や学校間の円滑な接続を図る工夫の例

- 「キャリア・パスポート」を活用し,児童生徒の学びをつなげることができるようにする。

- 小学校段階においては,幼児期の教育との接続を意識した「スタートカリキュラム」を一層充実させる。

- 高等学校段階においては,入学者選抜の方針や選抜方法の組合せ,調査書の利用方法,学力検査の内容等について見直しを図ることが考えられる。

評価方法の工夫の例

全国学力・学習状況調査
（問題や授業アイディア例）を参考にした例

　平成19年度より毎年行われている全国学力・学習状況調査では，知識及び技能等を実生活の様々な場面に活用する力や，様々な課題解決のための構想を立て実践し評価・改善する力などに関わる内容の問題が出題されています。

　全国学力・学習状況調査の解説資料や報告書，授業アイディア例を参考にテストを作成したり，授業を工夫したりすることもできます。

　詳しくは，国立教育政策研究所Webページ「全国学力・学習状況調査」をご覧ください。
（http://www.nier.go.jp/kaihatsu/zenkokugakuryoku.html）

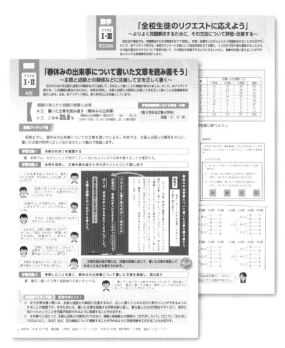

授業アイディア例

評価の方法の共有で働き方改革

　ペーパーテスト等のみにとらわれず，一人一人の学びに着目して評価をすることは，教師の負担が増えることのように感じられるかもしれません。しかし，児童生徒の学習評価は教育活動の根幹であり，「カリキュラム・マネジメント」の中核的な役割を担っています。その際，助けとなるのは，教師間の協働と共有です。

　評価の方法やそのためのツールについての悩みを一人で抱えることなく，学校全体や他校との連携の中で，計画や評価ツールの作成を分担するなど，これまで以上に協働と共有を進めれば，教師一人当たりの量的・時間的・精神的な負担の軽減につながります。風通しのよい評価体制を教師間で作っていくことで，評価方法の工夫改善と働き方改革にもつながります。

「指導と評価の一体化の取組状況」

A:学習評価を通じて，学習評価のあり方を見直すことや個に応じた指導の充実を図るなど，指導と評価の一体化に学校全体で取り組んでいる。

B:指導と評価の一体化の取組は，教師個人に任されている。

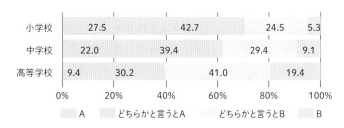

	A	どちらかと言うとA	どちらかと言うとB	B
小学校	27.5	42.7	24.5	5.3
中学校	22.0	39.4	29.4	9.1
高等学校	9.4	30.2	41.0	19.4

（平成29年度文部科学省委託調査「学習指導と学習評価に対する意識調査」より）

Column

Q & A —先生方の質問にお答えします—

Q1 1回の授業で,3つの観点全てを評価しなければならないのですか。

A. 学習評価については,日々の授業の中で児童生徒の学習状況を適宜把握して指導の改善に生かすことに重点を置くことが重要です。したがって観点別学習状況の評価の記録に用いる評価については,毎回の授業ではなく原則として単元や題材などの内容や時間のまとまりごとに,それぞれの実現状況を把握できる段階で行うなど,その場面を精選することが重要です。

Q2 「十分満足できる」状況(A)はどのように判断したらよいのですか。

A. 各教科において「十分満足できる」状況(A)と判断するのは,評価規準に照らし,児童生徒が実現している学習の状況が質的な高まりや深まりをもっていると判断される場合です。「十分満足できる」状況(A)と判断できる児童生徒の姿は多様に想定されるので,学年会や教科部会等で情報を共有することが重要です。

Q3 指導要録の文章記述欄が多く,かなりの時間を要している現状を解決できませんか。

A. 本来,学習評価は日常の指導の場面で,児童生徒本人へフィードバックを行う機会を充実させるとともに,通知表や面談などの機会を通して,保護者との間でも評価に関する情報共有を充実させることが重要です。このため,指導要録における文章記述欄については,例えば,「総合所見及び指導上参考となる諸事項」については,要点を箇条書きとするなど,必要最小限のものとなるようにしました。また,小学校第3学年及び第4学年における外国語活動については,記述欄を簡素化した上で,評価の観点に即して,児童の学習状況に顕著な事項がある場合などにその特徴を記入することとしました。

Q4 評定以外の学習評価についても保護者の理解を得るにはどのようにすればよいのでしょうか。

A. 保護者説明会等において,学習評価に関する説明を行うことが効果的です。各教科等における成果や課題を明らかにする「観点別学習状況の評価」と,教育課程全体を見渡した学習状況を把握することが可能な「評定」について,それぞれの利点や,上級学校への入学者選抜に係る調査書のねらいや活用状況を明らかにすることは,保護者との共通理解の下で児童生徒への指導を行っていくことにつながります。

Q5 障害のある児童生徒の学習評価について,どのようなことに配慮すべきですか。

A. 学習評価に関する基本的な考え方は,障害のある児童生徒の学習評価についても変わるものではありません。このため,障害のある児童生徒については,特別支援学校等の助言または援助を活用しつつ,個々の児童生徒の障害の状態等に応じた指導内容や指導方法の工夫を行い,その評価を適切に行うことが必要です。また,指導要録の通級による指導に関して記載すべき事項が個別の指導計画に記載されている場合には,その写しをもって指導要録への記入に替えることも可能としました。

文部科学省
国立教育政策研究所
National Institute for Educational Policy Research
NIER

令和元年6月
文部科学省 国立教育政策研究所教育課程研究センター
〒100-8951 東京都千代田区霞が関3丁目2番2号 TEL 03-6733-6833(代表)

「指導と評価の一体化」のための
学習評価に関する参考資料
【小学校　社会】

令和 2 年 6 月 27 日	初版発行
令和 6 年 4 月 15 日	6 版発行

著作権所有	国立教育政策研究所 教育課程研究センター
発 行 者	東京都千代田区神田錦町 2 丁目 9 番 1 号 コンフォール安田ビル 2 階 株式会社　東洋館出版社 代表者　錦織　圭之介
印 刷 者	大阪市住之江区中加賀屋 4 丁目 2 番 10 号 岩岡印刷株式会社
発 行 所	東京都千代田区神田錦町 2 丁目 9 番 1 号 コンフォール安田ビル 2 階 株式会社　東洋館出版社 電話　03-6778-4343

ISBN978-4-491-04121-6　　　　定価：本体 850 円
（税込 935 円）税 10%